BULLYING

Dados Internacionais de Catalogação na Publicação (CIP)
(Câmara Brasileira do Livro, SP, Brasil)

Ammirati, Antonella

Bullying : o que fazer e o que evitar : guia rápido para professores do ensino fundamental / Antonella Ammirati ; tradução de Gabriela Cristine C. de Souza ; revisão técnica e adaptação de Melissa Lifschitz Goichman. – Petrópolis, RJ : Vozes, 2025.
(Coleção O que fazer e o que evitar)

Título original: Bullismo – Cosa fare (e non) – Scuola secondaria di primo grado – guida rapida per insegnanti

1ª reimpressão, 2025.

ISBN 978-85-326-7237-7

1. Bullying 2. Comportamento agressivo 3. Conflito interpessoal 4. Convivência 5. Violência nas escolas I. Goichman, Melissa Lifschitz. II. Título. III. Série.

25-274832 CDD-370.15

Índices para catálogo sistemático:

1. Bullying : Prevenção : Educação 370.15

Cibele Maria Dias – Bibliotecária – CRB-8/9427

Antonella Ammirati

BULLYING

O QUE FAZER (E O QUE EVITAR)

guia RÁPIDO para professores do ENSINO FUNDAMENTAL

Tradução de Gabriela Cristine C. de Souza
Revisão técnica e adaptação de Melissa Lifschitz Goichman

Tradução do original em italiano intitulado *Bullismo – Cosa fare (e non) – Scuola secondaria di primo grado – guida rapida per insegnanti*

Direitos de publicação em língua portuguesa – Brasil:
2025, Editora Vozes Ltda.
Rua Frei Luís, 100
25689-900 Petrópolis, RJ
www.vozes.com.br
Brasil

Editoração: Débora Spanamberg Wink
Diagramação: Sheilandre Desenv. Gráfico
Revisão gráfica: Alessandra Karl
Capa original: CarciofoContento
Arte-finalização de capa: Érico Lebedenco

ISBN 978-85-326-7237-7 (Brasil)
ISBN 978-88-590-3413-1 (Itália)

Este livro foi composto e impresso pela Editora Vozes Ltda.

SUMÁRIO

APRESENTAÇÃO

Caros professores e professoras,

Trabalho há muitos anos com a escola (como formadora e como especialista encarregada da família) e para a escola (na qualidade de psicóloga escolar). Isso me permitiu conhecer o "mundo escolar" indo além das dimensões universalmente reconhecidas: a formativa, com a missão de transmitir conhecimento e competências; e a educativa, como contexto social filtrado que é responsável por transmitir valores sociais, formar o caráter, fornecer um contexto de socialização e estratégias de *coping*. Trabalha-se melhor, na escola e com ela, se considerarmos que ela é uma administração com sua própria estrutura e lógica de funcionamento. E é somente entrando nela que se compreende o fato de que, como uma comunidade relativamente pequena e fechada, a escola também se baseia em dinâmicas não formais, mas específicas, feitas de valores compartilhados e de comportamentos sancionados, no qual é aquele grupo específico que define se você está dentro ou fora e que determina o seu papel. O meu deveria ser o de acompanhar o desenvolvimento dos indivíduos (estudantes, pais, docentes e profissionais de apoio – administrativo, técnico e auxiliar) fornecendo instrumentos úteis para a autorregulação e autogestão psicológica, isto é, "uma bagagem para a vida". Para estudar, trabalhar e viver bem, não se pode ter a mente cansada.

É um fato que a instituição escolar foi atingida, ao longo de anos, por políticas desatentas que resultaram em uma crescente burocratização do papel do docente e que – junto ao baixo reconhecimento social e econômico, à perda de confiança por parte das famílias e ao surgimento de novos desafios para o ensino – geraram em muitos insatisfação, passividade e crítica constante, que se tornam forças opositivas à potência transformadora do sistema escolar. Apesar disso, os docentes são resilientes, atravessam a entrada da escola todos os dias e assumem o desafio de administrar o capital – a presença das múltiplas individualidades, cada uma especial ao seu modo, que são orquestradas sobre as notas de uma melodia inclusiva.

Este guia nasce como um manual prático, de apoio, para os professores que não perderam a capacidade de observar, de questionar, de suspeitar de desconfortos nas mudanças de comportamento, nas nuances da vida cotidiana da escola, no silêncio dos olhares cabisbaixos e das coisas não ditas, nas ações de intimidação misturadas com a má educação de alguns estudantes. Para aqueles que desejam lidar com a crescente pobreza relacional dos nossos vínculos antes que ela se manifeste patologicamente como violência de uns contra os outros. Para aqueles que se importam com a saúde da escola como um ambiente de relações e que desejam dar o seu melhor para criar um lugar seguro de debate e de crescimento para as crianças e para si mesmos.

No Brasil, a temática relacionada ao *bullying* tem ganhado cada vez mais importância. De acordo com a plataforma do Ministério da Educação (MEC), um em cada dez estudantes brasileiros é vítima de *bullying*. O assunto é tão significativo que, em 7 de abril de 2016, o Brasil instituiu o Dia Nacional de Combate ao *Bullying* e à Violência na Escola, para conscientizar sobre o tema e prevenir essa prática, que tem gerado isolamento, medo, transtornos psicológicos e até evasão escolar.

A preocupação em relação ao *bullying* diz respeito ao presente dos jovens, mas também ao seu futuro. Segundo o 17º Anuário Brasileiro de Segurança Pública (2023), no Brasil as vítimas de *bullying* tendem a desenvolver questões de saúde, como transtornos relacionados ao medo, retraimento, tristeza, queixas somáticas, autoagressão, avaliação negativa da própria saúde, além de terem maior propensão ao uso de tabaco. Já os agressores, por outro lado, estão mais suscetíveis a desenvolverem alcoolismo no futuro. No âmbito nacional, as temáticas mais frequentemente relacionadas ao *bullying* são a aparência do corpo (16,5%) e do rosto (11,6%), bem como cor ou raça (4,6%).

O *bullying* causa consequências graves a nível tanto individual quanto coletivo, e os educadores brasileiros têm enfrentado um aumento constante da violência nas escolas. No contexto coletivo, uma das maiores preocupações são os ataques às instituições escolares, que, infelizmente, têm se tornado mais frequentes no país. Ainda segundo o 17º Anuário Brasileiro de Segurança Pública (2023), um em cada três ataques registrados no Brasil ocorreu em 2023. Dada a correlação entre *bullying* e essas manifestações extremas de violência, é importante compreender que, muitas vezes, esse tipo de ação é uma tentativa – inadequada – da vítima de *bullying* de reagir à violência que sofreu. Assim, para proteger a comunidade escolar de atitudes violentas, é essencial também prevenir o *bullying*, protegendo os indivíduos em sua vivência cotidiana.

INTRODUÇÃO

Este livro é o primeiro texto da coleção que aborda uma patologia das relações (dimensões interpessoais) mais que uma constelação de características que configuram em diferenças do neurodesenvolvimento (dimensão intrapessoal).

A essência do fenômeno do *bullying* é, de fato, a sua natureza de grupo.

Alguns estudos – o primeiro foi o de Pepler e Craig (1995) – revelaram que a presença do grupo aumentaria a possibilidade de o praticante de *bullying* agir por mais tempo com intimidação em relação à vítima; na ausência de espectadores, no entanto, parece ser menos provável que se iniciem as agressões. O *bullying* não identifica uma situação estática de um ou mais intimidadores contra uma vítima, mas se caracteriza como um fenômeno dinâmico e multidimensional, sujeito a contínuas modificações, nas quais perseguidores, vítimas e espectadores estão mutuamente envolvidos.

O que é *bullying* e o que não é

O escritor Edmondo De Amicis, do fim do século XIX, descreve o intimidador Franti no seu livro *Coração* (1886):

> É malvado. Quando vem um pai à escola para dar uma bronca no filho, ele gosta; quando alguém chora, ele ri... provoca todos que são mais fracos do que ele, e quando

> briga, se enfurece e bate para machucar. Tem algo que dá medo naquela cabeça cabisbaixa, naqueles olhos obscuros quase escondidos embaixo do seu boné de lona. Não teme a nada, ri na cara do professor, ri quando pode, nega com uma cara de pau, está sempre brigando com alguém, leva alfinetes para a escola para alfinetar os colegas, rasga os botões da própria jaqueta, e rasga as de outros, e os joga fora, e tem a pasta, cadernos, livros, todos amassados, esfarrapados, sujos, a régua serrilhada, a caneta comida, as unhas rosas, as roupas cheias de farelos e rasgos que são feitos nas brigas.

Assim, fenômeno do *bullying*, mesmo que de outras maneiras, sempre foi uma característica notável da vida social dos jovens – isso tanto é verdade, que foi descrito nesse romance.

> Porque tanta insistência para falar de *bullying*? Essas coisas sempre existiram, todos já crescemos de qualquer maneira e é o jeito de aprender a sobreviver na vida.

Essa opinião é, na verdade, bastante difundida. Então, para evitar considerar o *bullying* como uma mera brincadeira ou transformar cada ato agressivo em *bullying*, é melhor eliminar as incertezas e esclarecer o que é *bullying* e o que não é.

O termo (do inglês "*bullying*": tiranizar, sabotar, intimidar) *indica um abuso de poder – físico, verbal ou psicológico – executado de modo repetitivo e organizado contra alguém que não é capaz de se defender*. A palavra "*bullying*", em si, foi criada a partir do termo *mobbing* ("*to mob*": atacar, agredir em massa). Na etologia o termo foi bastante usado para indicar o comportamento de agressão do bando contra um animal isolado, uma manobra de alguns animais da mesma espécie em direção a um membro do grupo, que é, assim, atacado e isolado da comunidade.

Dan Olweus (1993), um dos maiores estudiosos desse fenômeno, esclarece três características dele:

- intencionalidade: o dano provocado por quem agride é intencional, e não casual;
- persistência: os atos agressivos não são isolados, mas caracterizam episódios recorrentes de ações ofensivas sistemáticas;
- assimetria: a interação é caracterizada por uma maior força física, maiores recursos materiais e/ou sociais ou segurança psicológica do *bullying* e da correspondente incapacidade de defesa e baixa autoestima da vítima.

Na legislação brasileira, existem diversas diretrizes normativas que tratam da temática de *bullying*, seja no meio virtual ou físico, e podemos encontrá-las na Constituição Federal, no Estatuto da Criança e do Adolescente (ECA), na Lei de Diretrizes e Bases da Educação Nacional e nos *sites* do Congresso Nacional e das Assembleias Legislativas estaduais. Podemos observar leis como a Lei nº 12.735/2012, que destaca a obrigatoriedade de monitoramento de crimes praticados *online* por parte dos órgãos de segurança, incluindo a atividade de *cyberbullying*.

Em 2015, a Lei nº 13.185/2015 instituiu o Programa de Combate à Intimidação Sistemática (*bullying*), que estabelece medidas para prevenção e combate da prática do *bullying*. Mais tarde, em 2017, a Lei nº 13.431 estabeleceu o Sistema de Garantia de Direitos da Criança e do Adolescente Vítima ou Testemunha de Violência no Brasil, com o objetivo de proteger crianças e adolescentes em situações de violência.

Recentemente, em 2024, a Lei nº 14.811 estabeleceu medidas de proteção à criança e ao adolescente contra a violência em estabelecimentos educacionais ou similares. Essa lei define o *bullying* como qualquer ato de violência física ou psicológica, intencional e repetitivo, praticado por um indivíduo ou grupo contra uma ou mais pessoas, sem motivação evidente, causando sofrimento e humilhação à vítima. Ele pode ocorrer em diversos contextos, como ambientes escolares, locais de trabalho ou na esfera digital, no caso do *cyberbullying*. A lei prevê pena de reclusão ou pagamento de multa por parte dos praticantes de *bullying*, a depender da gravidade da conduta.

Um ato de *bullying* é o resultado de um planejamento cognitivo, também complexo, e isso o distingue de todas as formas de agressividade improvisadas devido a estados emocionais alterados e não controlados. O planejamento dos lugares e de tempo é útil, seja para não ser descoberto, seja para garantir a duração das agressões. O ato de *bullying* é escolhido sob o princípio de maximização do dano pela vítima (se a vítima é um homem, são preferidos atos de violência física pelo intimidador; caso a vítima seja mulher, costuma ser alvo de zombaria e humilhação psicológica), de modo que para quem sofre é difícil sair dessa condição.

No caso de *bullying*, o ato agressivo se expressa por meio de uma conduta agressiva, ou seja, um estilo comportamental de interação com o ambiente do tipo abusivo e identitário, visto que é reconhecido pelo grupo somente por essa característica. Essa configuração, portanto, conduz o jovem a se identificar com o papel desempenhado (seja o intimidador ou a vítima), assumindo frequentemente condutas coerentes com as suas construções identitárias.

A vítima é isolada por meio de um mecanismo de desumanização, ou seja, são enfatizadas as características de suposta diversidade, de modo a aumentar a distância psicológica entre ela e os companheiros, induzindo emoções de medo ou raiva, constrangimento e vergonha, ou também sentimento de culpa, devido a não se sentir capaz de se defender e sentir-se responsável pela agressão sofrida.

Muitas vezes o intimidador age envolvendo ativamente os companheiros para distanciá-los da vítima, tornando-os passivos diante dos atos agressivos ou apresentando os atos agressivos abusivos como simples brincadeiras para envolver os colegas.

Perguntas-guia para analisar uma situação crítica:

- Os jovens que desempenham os papéis de intimidadores e vítimas são sempre os mesmos?
- Que forma têm os atos de *bullying*? (leia os tipos de *bullying* no próximo parágrafo.)
- Os episódios se repetem frequentemente e tendem a aumentar?
- Os atos são simples ou organizados? Onde e quando ocorrem?
- Estão presentes cúmplices, espectadores, ajudantes da vítima?
- Quais redes sociais têm os intimidadores e a vítima? Que relação existe entre eles?
- A vítima aparece isolada, sente vergonha ou mostra sentimento de culpa por aquilo que sofre?
- Quais papéis têm os outros componentes da classe?

Não é *bullying* uma situação de conflito cotidiano entre colegas, na qual os protagonistas não insistem além de um certo limite para impor a própria vontade, explicam o porquê de estarem em desacordo, acusam-se ou procuram soluções de "meio termo", ou são capazes de mudar argumentos, de deixar para lá e se distanciar.

Não é *bullying*, mas *peer victimization* a agressão repetida, mas não intencional e privada de divergência de poder entre as figuras envolvidas.

É importante traçar uma linha entre *bullying* e aquelas explosões de agressividade relacionadas a patologias do neurodesenvolvimento. Os sistemas nosográficos utilizados pelas clínicas, tais como o *Manual diagnóstico e estatístico de transtornos (DSM-5)* (APA, 2014) e a *Classificação internacional de doenças (CID-11)* (OMS, 2022), identificam os transtornos nos quais a conduta agressiva é a espinha dorsal.

Tabela 1 – Transtornos de comportamento disruptivo

Transtornos de comportamento disruptivo	
Transtorno opositivo desafiador	**Transtorno de conduta**
A insurgência precoce (jardim de infância) é caracterizada por um padrão recorrente de comportamentos hostis e provocadores, com episódios de aberto desafio contra as figuras de autoridade e com provocações persistentes, muitas vezes sem contexto, e inapropriadas para a idade de desenvolvimento da criança. Tais aspectos de comportamento se manifestam nas interações com indivíduos diferentes dos irmãos, devem persistir por pelo menos seis meses (enquanto não se tratar de uma atitude humoral passageira) e devem implicar um significativo comprometimento do funcionamento da criança no âmbito social, familiar e escolar.	Manifesta-se por comportamentos agressivos em relação a pessoas ou animais, crueldade, destruição ou danificação de propriedade dos outros, pequenos furtos ou trapaças, violação de regras e forçamento de atividade sexual. Pode se associar a baixa empatia e falta de remorso. O surgimento pode ser precoce, na primeira infância, ou tardio, na adolescência. A conduta desviante deve ser um padrão estável em relação ao ambiente (por pelo menos 12 meses) e deve implicar um significativo comprometimento do funcionamento adaptativo.

Entre os transtornos de personalidade (surgem na idade adulta), identifica-se o transtorno de personalidade antissocial, caracterizado por irresponsabilidade, desonestidade, condutas agressivas, relações manipuladoras com outros e ausência de remorso ou culpa.

Na categoria dos transtornos de humor, é descrito o transtorno disruptivo da desregulação do humor (condição bastante precoce, na escola primária), que se manifesta com tom de humor caracterizado permanentemente por nervosismo, irritabilidade e raiva, com repentinos rompantes de fúria sem motivos em relação ao contexto.

Existem outros quadros clínicos que também são ocasionalmente atravessados pela agressividade, como o transtorno do déficit de atenção com hiperatividade (TDAH), no qual a frustração pode desencadear comportamentos agressivos ocasionais ou impulsivos, ou as deficiências intelectuais ou os transtornos do espectro autista, nos quais a agressividade é muitas vezes autodirigida.

Tipos de *bullying*

O *bullying* apresenta-se de várias formas, que se diferenciam apenas por escopos narrativos, mas na realidade sobreposições são frequentes.

Entre as formas diretas é possível distinguir:

- *BULLYING* FÍSICO

- Agressões (empurrões, tapas, socos ou chutes), também por utilização de objetos (p. ex., bastões, vidro, banco ou cadeira).
- Dano, de várias gravidades, causado sobre a propriedade de outros (arrancar as páginas de um caderno, que-

brar canetas, esconder, roubar ou quebrar os óculos) e vandalismo.

- Furto e extorsão enquanto há um enfrentamento direto com a vítima.

↓

Esta forma de *bullying* costuma predominar na relação entre meninos, embora também ocorra nos confrontos com meninas ou entre elas. Aparece na faixa etária mais nova (escola primária) e é a forma mais evidente e facilmente reconhecível do fenômeno.

- *BULLYING* VERBAL

- Ofensas, zombarias, insultos e humilhações das vítimas por supostamente portarem características pessoais diferentes das apresentadas pelo grupo (físicas, roupas, gostos) ou pelo ambiente e pela cultura de pertencimento.
- Ameaças.
- Propagação de calúnias sobre a vítima, na sua ausência, com objetivo de isolá-la do grupo.

↓

Esta forma aparece mais tarde e é assumida tanto por meninos quanto por meninas. É menos evidente, mas muito perigosa, porque tende a criar um ambiente escolar hostil à vítima, com objetivo de isolá-la e atingir sua autoestima de maneira profunda.

É, no entanto, uma forma indireta de *bullying* aquela RELACIONAL, que prejudica a vítima na construção da sua identidade – em específico, na relação de pertencimento social. Embora seja muito associada ao gênero feminino, na realidade há uma incidência semelhante entre os dois sexos; aparece entre pré-adolescentes e adolescentes. Uma ação típica é a exclusão, ou seja, manter constantemente a vítima à margem (no jogo, nos trabalhos de grupo, nas formações dos times, durante o intervalo), levando-a a se isolar cada vez mais em um espaço social restrito. Isso resulta na diminuição da autoestima e em uma maior exposição ao *bullying* físico e verbal. Outra estratégia comum é a manipulação das relações de amizade da vítima, com o objetivo de privá-la do apoio emocional e social por parte do grupo. Esta forma é mais difícil de identificar, mas também é aquela que pode ter consequências mais graves sobre a identidade da vítima, havendo inclusive a possibilidade de gerar ideações suicidas.

As pesquisas e os números

O primeiro interesse de pesquisa sobre o *bullying* na Itália remonta ao início da década de 1980. Naquele período Caprara traduz o primeiro livro de Dan Olweus, com o título *L'agressività nella scuola* [A agressividade na escola] (Caprara, 1983), focando a atenção nas características desse desafio no contexto educativo. Na primeira metade dos anos 1990, a Universidade de Florença (Departamento de Psicologia) conduz as primeiras pesquisas sobre o fenômeno na Itália e começa a traçar suas características.

Já no Brasil, o interesse de pesquisa sobre o *bullying* começou a ganhar destaque no fim dos anos 1990 e início dos anos 2000.

Embora existam estudos anteriores que abordem a violência escolar de forma mais ampla, o fenômeno do *bullying* enquanto categoria específica de análise foi consolidado graças à influência de autores internacionais, como o já citado Dan Olweus, cujos trabalhos também começaram a ser disseminados no país por meio de traduções e referências acadêmicas. Os estudos nacionais sobre *bullying*, destacados por nomes de pesquisadoras como Fante, Vinha e Tognetta, utilizaram questionários criados por Olweus (1993) de maneira adaptada a contexto brasileiro.

Em 2009, o Instituto Brasileiro de Geografia e Estatística (IBGE) incluiu questões relacionadas ao *bullying* na Pesquisa Nacional de Saúde do Escolar (PeNSE), contribuindo para caracterizar a prevalência do fenômeno em escolas brasileiras. Esses estudos marcaram um ponto de partida significativo para compreender o *bullying* no contexto nacional, enfocando suas manifestações, os fatores associados e o impacto no ambiente escolar.

Durante a década de 2010, a Fundação Oswaldo Cruz (Fiocruz) e a Universidade de São Paulo (USP) intensificaram pesquisas sobre *bullying*, abordando o tema tanto em suas dimensões psicológicas e sociais quanto no contexto do *cyberbullying*. Essas iniciativas estabeleceram bases importantes para políticas públicas e programas de prevenção, como o fortalecimento do papel das escolas em identificar e lidar com casos de *bullying*, promovendo um ambiente escolar mais inclusivo e seguro.

Dados recentes do 17º Anuário Brasileiro de Segurança Pública revelam a dimensão do *bullying* nas escolas. Em 2021, cerca de 38% das escolas brasileiras relataram problemas relacionados ao *bullying*, incluindo ameaças e ofensas verbais. Esse levantamento foi realizado com mais de 74 mil escolas que participaram do Sistema de Avaliação da Educação Básica (Saeb). Além disso, estados como Santa Catarina, São Paulo e Rio Grande do Sul apresentaram os maiores índices de ocorrências.

A recém-sancionada Lei nº 14.811/2024 também trouxe mudanças importantes, incluindo a inclusão do *bullying* no Código Penal, com penas que variam de multa a até quatro anos de prisão, dependendo da gravidade da conduta do agressor.

No Brasil, em 2022, pesquisas realizadas pelo Instituto Nacional de Estudos e Pesquisas Educacionais Anísio Teixeira (Inep) identificaram que o *bullying* continua sendo um problema significativo nas escolas. Dados indicam que cerca de 20% dos estudantes do Ensino Fundamental II relataram ter sido vítimas de *bullying*, sendo 15% de forma ocasional e 5% de maneira sistemática. Esses números refletem a necessidade de ações mais efetivas para combater o problema.

Além disso, pesquisadores da Escola de Enfermagem da Universidade Federal de Minas Gerais (UFMG) e do IBGE revelaram que, em 2024, 13,2% dos jovens foram vítimas de *cyberbullying* (Malta *et al.*, 2024). O levantamento contemplou amostra de 159.245 estudantes de 13 a 17 anos do Ensino Fundamental e Médio de escolas públicas e privadas.

Outro levantamento relevante é o da PeNSE 2019, conduzida pelo IBGE em parceria com o Ministério da Saúde. A pesquisa revelou que 23% dos estudantes do 9º ano do Ensino Fundamental relataram ter sido alvo de *bullying* por colegas, com maior prevalência entre meninas.

Bullying discriminatório

Quando a intimidação tem como base o conceito de "diferença", ela é chamada de "*bullying* discriminatório" ou "*bullying* preditivo". Esse tipo de *bullying* inclui todos os comportamentos agressivos que são intencionais, reiterados e baseados em um desequilíbrio de poder, que visam discriminar aqueles que têm uma característica que os coloca em uma situação de desvantagem ou que os identifica como pertencentes a um grupo minoritário (Elamé, 2013; Russel *et al.*, 2012).

Na literatura, identificam-se como características que poderão ser alvo de *bullying* discriminatório:

- deficiência (física e/o psicológica);
- etnia, ou seja, quando a intimidação é dirigida a uma pessoa pelo seu *status* de imigrante e/ou suas origens étnicas;
- homofobia, quando as intimidações têm como alvo jovens LGBTQIA+ ou sujeitos que expressam atitudes/comportamentos em desacordo com as expectativas-padrão de gênero, e que muitas vezes são alvos até de amigos, parentes ou daqueles que os sustentam;
- por idade, quando pertencer a uma classe específica de idade (p. ex., os idosos) os expõe à intimidação;
- por gênero, quando pertencer a um grupo de gênero (em particular o feminino) aumenta o risco de sofrer intimidações;
- por religião, quando se vira alvo por crença religiosa.

Cyberbullying

A ação agressiva, intencional, sistemática contra uma vítima que não consegue se defender, realizada através de dispositivos tecnológicos (*smartphone*, computador, *e-mail*, SMS/MMS, chamadas) e/ou ambientes virtuais (rede social, *blog*, internet), é definida como *cyberbullying*. O termo foi criado pelo educador canadense Bill Belsey em 2002. É evidente que a principal diferença entre o *bullying* tradicional e o *cyberbullying* é a falta do componente físico entre a vítima e o intimidador, já que, no *bullying* convencional, há uma convivência real e os sujeitos frequentam os mesmos ambientes. O intimidador cibernético, no entanto, pode ser até uma pessoa que não conhece efetivamente a sua vítima, mas apenas os respectivos nomes de usuário e perfil.

> Não, um instante. É ainda pior. Você tem razão, o pior é que continua também em casa. Não param um momento de te atormentar, e você pensa: não sei nem quem é essa pessoa, como ela pode dizer que despreza a minha existência? (Caleb, personagem do filme *Bullying virtual*, 2011).

É importante esclarecer que a característica da sistematicidade, comum ao *bullying*, não tem, no entanto, o mesmo valor na modalidade convencional e no modo cibernético. Se a intimidação vem exercida através de um meio digital, mesmo que em um único ato (p. ex., postar um vídeo ou compartilhar uma foto), pode ser replicada infinitas vezes com impacto negativo, sendo praticamente impossível impedir a sua difusão, pelo menos não em um curto período de tempo. Até a assimetria de poder entre o intimidador e a vítima no *cyberbullying* exprime-se de modo peculiar, dado que, em vez de se basear na força física ou no papel social da vítima dentro de um grupo, ela se dá principalmente por meio de uma menor destreza tecnológica por parte da vítima. Além disso, a rede garante o anonimato, portanto muitas vezes a vítima não conhece o autor dos atos ofensivos a seu respeito: essa situação garante ao intimidador agir sem perturbação e sem punição (somente a delegacia de crimes virtuais pode identificar os rastros dos dispositivos utilizados de acordo com os códigos). Até a desinibição do *cyberintimidador* é acentuada pelo meio digital, pois virtualmente se pode fazer aquilo que na vida real não se teria coragem.

A internet retira da vítima até os espaços nos quais ela se sente segura: a intencionalidade e a agressividade do *cyberintimidador* andam de mãos dadas a ponto de conseguirem atingir a sua vítima sempre e em qualquer lugar. Os lugares das ações intimidatórias não são mais lugares visíveis como a escola, a quadra esportiva ou os parques públicos: o material usado pelos *cyberintimidadores* é extensível ao mundo todo.

Na realidade virtual, o agressor perde o *feedback* imediato das próprias ações sobre a vítima, o que dificulta a compreensão empática do sofrimento infringido. Muitos atos de *cyberbullying* são cometidos com a participação de cúmplices e espectadores "desavisados", que repostam ou compartilham conteúdos infinitamente, mesmo que sejam desconhecidos pela vítima. A despersonalização por parte do *cyberintimidador*, pelos seus cúmplices e pelos espectadores é amplificada e pode ser estendida aos avatares e identidades digitais.

O *cyberbullying*, além disso, difunde-se rápida e facilmente entre os contextos ambientais (reais e virtuais, como redes sociais), o que leva a vítima a limitar cada vez mais a sua vida social.

Por todos esses aspectos, a vítima pode chegar a uma condição de desamparo (*helpless*) e de desesperança que podem levar até mesmo a ideações suicidas.

Tais diferenças fizeram com que não se possa utilizar para o *cyberbullying* os mesmos esquemas de interpretação usados para o *bullying* convencional: são fenômenos diferentes, embora os jovens vivam simultaneamente as duas condições. No espaço virtual, os papéis são fluidos e menos cristalizados, o que evidencia uma forte correlação entre papel de *cyberintimidador* e *cybervítima*: quem comete atos de intimidação *online* tem mais probabilidade de se tornar uma vítima ou pode até mesmo desempenhar ambas as posições ao mesmo tempo em ambientes virtuais diversos. Hinduja e Patchin (2009) relataram uma ampla sobreposição dos papéis do *bullying* e do *cyberbullying*: quem agride ou sofre agressões presencialmente tem maior possibilidade de agredir ou sofrer perseguições na internet.

O *cyberbullying* pode se manifestar em diversas modalidades:

- assédio: envio repetitivo de mensagens ofensivas e perseguições através de *e-mail*, serviços de mensagem instantânea (p. ex., WhatsApp ou Telegram), publicações em *blogs* ou redes sociais para uma outra pessoa. Diferentemente da difamação, o envio de mensagens é destinado diretamente à vítima;
- provocação: subcategoria do assédio *online* no qual o envio contínuo de mensagens vulgares e insultos tem finalidade de suscitar conflitos *online*; é definido como *troll* o usuário que quer provocar discussão insultando os participantes de uma comunidade virtual, perturbando deliberadamente a comunicação e espalhando propositalmente informações vagas e fictícias. Os *haters*, pelo contrário, são aqueles que desprezam e difamam uma pessoa (geralmente famosa) ou um conceito específico;

- *cyberstalking*: subcategoria do assédio *online* que envolve a perseguição da vítima por meio de mensagens intimidatórias e ameaçadoras. Para monitorar a vítima virtualmente, o intimidador pode utilizar um *spyware* (um *software* que permite recolher informações de acesso, o número do cartão de crédito etc.);
- difamação: publicação de rumores ou boatos *online* sobre a vítima, com o objetivo de danificar sua reputação e suas relações sociais. A difamação afeta aspectos fundamentais da vida da vítima (etnia, religião, sexualidade, dificuldades escolares) e acontece pelo envio de mensagens depreciativas ao endereço de *e-mail* da vítima, por meio da publicação de mensagens ofensivas nos *feeds* ou *timelines* ("linhas do tempo" das redes sociais) ou, ainda, da criação de perfis falsos, que propagam fotos constrangedoras da vítima ou rumores sobre ela;
- furto de identidade: quando o agressor finge ser a vítima, cometendo ações constrangedoras para isolá-la ou difamá-la (através da divulgação de materiais comprometedores e ofensivos a partir de um perfil falso ou hackeando as credenciais de acesso da vítima);
- *outing*: o *cyberintimidador* obtém informações pessoais e reservadas a respeito da vítima (geralmente se fingindo de amigo), manipula-as e as divulga na rede;
- *exclusion*: ostracismo *online*, ou seja, excluir intencionalmente a vítima de um grupo virtual (p. ex., *blog*, *chat*, WhatsApp, Facebook), ignorando suas mensagens ou seus convites de contato, assim como excluindo-a da

buddylist (lista de transmissão de aplicativos de *e-mail* eletrônico ou de mensagem instantânea, no qual é possível ver o *status* dos usuários – quem está *online* e quem não está) e de *sites* e páginas pessoais;

- *videoposting*: o intimidador grava a vítima em momentos embaraçosos, edita o vídeo e o distribui pela rede;
- *happy slapping*: a vítima é agredida e a gravação é postada na rede;
- *sexting*: enviar imagens, textos ou vídeos sexualmente explícitos; entre os adolescentes é um fenômeno bastante difundido. Por exemplo, um jovem pode tirar uma foto provocante como presente de aniversário para o(a) namorado(a), que depois é publicada nas redes sociais. Embora geralmente não estejam cientes dos riscos, os que se envolvem em *sexting* expõem-se a chantagens, a danos à reputação (p. ex., para as futuras relações de trabalho), ao aliciamento por adultos e até ao uso do material para fins pornográficos.

Alguns perigos que os jovens podem enfrentar na internet, além da pornografia infantil (crime previsto no Art. 241 do Estatuto da Criança e do Adolescente, que criminaliza a produção, a distribuição e a posse de material envolvendo menores em situações sexualmente explícitas), incluem os jogos *online*, o *grooming* (ou aliciamento, no qual adultos utilizam manipulação psicológica para obter imagens ou vídeos sexualizados, ou até mesmo para marcar encontros abusivos) e as comunidades *online* restritas. Essas comunidades, muitas vezes fechadas, compartilham objetivos e linguagens simbólicas próprias, como grupos que promovem ideações suicidas, *blogs* "Pro-Ana" (anorexia) e "Pro-Mia" (bulimia), além de desafios *online* perigosos, como o "Desafio da Baleia Azul", que ganhou notoriedade no Brasil em 2017.

Segundo a plataforma SaferNet Brasil (2022), que recebe denúncias de crimes cibernéticos, o país registrou um aumento de 77% nas denúncias de *grooming* no comparativo entre os anos de 2022 e 2023. Além disso, o Ministério da Justiça e Segurança Pública, em parceria com a Polícia Federal, tem intensificado operações para combater crimes relacionados à pornografia infantil e ao aliciamento de menores.

Outro fenômeno preocupante é o *vamping*, que consiste em jovens ficarem acordados até tarde da noite navegando na internet, postando e interagindo em redes sociais. Segundo o estudo "Os efeitos do tempo de tela em crianças e adolescentes: um levantamento bibliográfico" (Carvalho; Grando; Britto, 2021), realizado pela Fiocruz, o tempo excessivo diante das telas acaba afastando jovens de atividades saudáveis, como a prática de exercícios físicos, a interação social, a leitura e o descanso adequado, impactando também o desempenho escolar.

Um breve panorama sobre o desenvolvimento identitário pré-adolescente

Para compreender plenamente a dimensão e a difusão de alguns comportamentos de risco que se expressam muitas vezes na pré-adolescência e na adolescência, é válido desde 1983 o estudo internacional HBSC, ou *Health behavior in school-aged children* [Comportamentos ligados à saúde dos jovens em idade escolar], de que a Itália[1] participa desde 2001. Tal estudo é promovido pelo Escritório Regional para Europa da Organização

1 O Brasil não participa deste estudo.

Mundial da Saúde (OMS) e envolve, a cada quatro anos, uma amostra de estudantes de 11, 13, 15 e 17 anos, nos 44 países participantes.

O último levantamento (2022) mostrou que a satisfação com a escola diminui conforme o aumento da idade dos alunos, e o mesmo acontece com a qualidade do relacionamento dos estudantes com os professores.

O uso inadequado das redes sociais parece afetar majoritariamente às meninas entre 13 e 15 anos, enquanto os meninos dessa faixa etária declaram na maioria das vezes recorrer às redes sociais para lidar com as emoções negativas.

Os meninos entre 11 e 13 anos parecem estar, no entanto, mais envolvidos no uso inadequado de *videogames* (quando efetivamente são autorizados a jogar, passam mais de quatro horas ao dia no console). Os dados sobre *bullying* e *cyberbullying* identificam a faixa da pré-adolescência como aquela mais vulnerável a esse tipo de situação.

Em relação ao passado, existe atualmente uma maior atenção à pré-adolescência, como etapa de desenvolvimento infantojuvenil caracterizada por especificidades e criticismo, que a distinguem da infância e da adolescência.

A pré-adolescência é uma faixa etária compreendida dos 11 aos 14 anos, mesmo que algumas crianças já apresentem suas características, precocemente, no quinto ano. É uma fase de grandes mudanças, em parte visíveis e em parte não, desencadeadas por uma alteração somática, que ocorre cada vez mais cedo. As diferenças de desenvolvimento entre meninos e meninas são hoje ainda mais acentuadas em relação ao passado, assim como a disparidade dentro dos grupos de mesmo sexo.

O relacionamento com o próprio corpo representa o fio condutor dessa fase de desenvolvimento e define o conjunto de eventos, também psicológicos, que o jovem vivencia, tanto nas condições fisiológicas quanto nas patológicas. A atenção ao corpo é fundamental para o jovem, mas também é reforçada pelo ambiente externo, que percebe seu crescimento e envia-lhe uma imagem modificada de si mesmo. No entanto, os limites de tolerância típicos da antiga imagem de criança ainda se mantêm (o que gera raiva e ambivalência nos jovens, pois eles recebem mensagens contraditórias: por um lado, são vistos como "crescidos", mas, por outro, são lembrados de como eram "bonzinhos e fofos" quando pequenos).

A precocidade das mudanças corporais não é acompanhada pelo desenvolvimento cognitivo de áreas cerebrais ligadas à percepção dos riscos, pelo planejamento das ações de longo prazo e pelo controle dos impulsos (áreas cerebrais frontais). A falta de experiências sociais simbólicas que demandem tomadas de responsabilidade não torna fácil o desenvolvimento integrado da identidade dos jovens.

A conflituosidade com a família e a ambivalência entre o desejo por autonomia e a demanda por reconhecimento e validação por parte dos genitores levam a mudanças de humor, crises emocionais e até mesmo estados de sofrimento e desconforto.

O corpo se transforma, assumindo pouco a pouco as características sexuais secundárias e perdendo a delicadeza das feições infantis; as várias partes do corpo crescem em velocidades diferentes: crescem primeiro os ossos longos (pernas, pés, mãos) e o nariz, e os traços se tornam desarmônicos e os movimentos desajeitados. O jovem experimenta a vivência de um corpo que não pode controlar e sobre o qual não tem poder, e ele tem dificuldade em reconhecê-lo e gostaria que fosse perfeito, porque é o seu mediador de relações interpessoais.

A tendência de todos em compartilhar apenas imagens perfeitas de "momentos" no qual tudo parece magnífico torna sempre mais difícil para os jovens se sentirem adequados e satisfeitos consigo mesmos. O resultado é uma insatisfação constante, que configura um fator de risco para ansiedade, tristeza e depressão. Além disso, o ato de postar imagens para parecer perfeito para o mundo fixa os mais jovens em uma excessiva preocupação com sua aparência e seus aspectos estéticos, fazendo assim com que percam a motivação e o interesse sobre a conquista de habilidades e experiências de vida muito menos visíveis e mais subjetivas, que são definitivamente mais importantes para a realização pessoal e a construção de um projeto de vida autêntico. A isso se junta, então, o fato de que quanto mais o próprio corpo for diferente dos padrões de referência externos, maior será o sofrimento – porque o funcionamento cognitivo que permite a análise crítica das experiências e a construção de uma percepção equilibrada de si mesmo ainda está ainda em formação, e falta ao jovem a possibilidade de se perceber de modo saudável e compassivo, como alguém capaz de reconhecer seus pontos fortes e fracos, valorizando a própria individualidade.

Os investimentos afetivos típicos da pré-adolescência são tão intensos quanto instáveis: a crítica aos modelos parentais é acompanhada pela escolha de novos modelos que representam um ideal (podem ser personalidades distantes, como atores ou cantores, ou próximas, como educadores, treinadores esportivos, amigos dos irmãos e colegas etc.). Os vínculos são mutáveis e existe uma fusão de sentimentos – amor, amizade, admiração, reverência e dependência se misturam. Prevalece no pré-adolescente a necessidade intensa de sentir-se aceito, e é de responsabilidade do ambiente fazê-lo sentir-se assim: quando o clima familiar é marcado apenas pelo afeto, sem que haja a imposição de limites consistentes, é esperado que haja um aumento da instabilidade, seja motora ou psíquica, além de uma tendência ao uso da força física para tentar fazer sua vontade prevalecer. A falta ou a incoerência de diretrizes familiares faz com que os mais jovens procurem fora de casa um sistema de regras alternativo, com significado compensatório, daquele que não encontram mais na família. O grupo de amigos se consolida assim, por meio da adesão a um sistema de normas formadas no âmbito do próprio grupo, relacionadas com comportamentos práticos e imediatos, possivelmente variáveis num curto espaço de tempo, de acordo com as tendências e situações contingentes.

Na pré-adolescência, a instabilidade da personalidade é também fisiológica. Não raramente os jovens ficam agressivos, porque ainda não estão prontos para modular e direcionar os impulsos para objetivos positivos de autorrealização, o que frequentemente faz com que descarreguem sua energia sem avaliar as consequências sobre os outros. Nessa fase, é mais difícil alcançar formas de afirmação mais complexas, como o sucesso escolar e o destaque em atividades intelectuais, esportivas e recreativas, pois elas demandam compromisso, método, sacrifício. Muitas vezes o jovem ainda não apresenta capacidade suficiente para planejar seu futuro, algo indispensável para dirigir as próprias ações no presente. Assim, a tomada de decisão é baseada em impulsos momentâneos, mais do que em estratégias para chegar a um resultado satisfatório, ainda que em longo prazo.

As tecnologias também participam da estruturação identitária. Os jovens de hoje já nasceram digitais, ou seja, são seres humanos literalmente imersos em um mundo hipertecnológico no qual o real e o virtual se misturam continuamente, sem opção de distinção. As tecnologias atendem necessidades humanas irrenunciáveis, como comunicação, relação, jogo, aprendizado, e, como tal, oferecem oportunidades de crescimento e participação. A crise derivada da pandemia de covid-19 ampliou o uso da rede, assim como abaixou ainda mais a idade dos primeiros contatos com o ambiente *online*. Falar da vida *online* e *offline* é anacrônico, tanto que em 2013 foi criado o termo *onlife* para descrever essa dimensão da nossa existência que vê a integração das nossas experiências com a tecnologia (*smartphone*, *tablet*, *smart* TV, assistentes virtuais e *videogames*). As novas gerações consideram os seus perfis sociais virtuais como algo que faz parte da própria identidade e contribui para criá-la. São verdadeiros "laboratórios sociais" nos quais se pode construir uma identidade diferente daquela real, expressar uma parte de si que não emerge *offline* ou, ainda, exprimir seu próprio eu através de formas diferentes, maximizando as qualidades e minimizando os defeitos. Isso facilita a comunicação e possibilita a recepção de *feedbacks* dos próprios colegas, o que contribui para o desenvolvimento de um senso de pertencimento de grupo enquanto, ao mesmo tempo, ajuda no processo de diferenciação.

No entanto, deve ser lembrado que na pré-adolescência as características (morfológicas e/ou comportamentais) são transitórias e sofrem mudanças rápidas, imprevisíveis em sua dimensão e em sua direção. É por isso que o apoio e a orientação dos adultos, ainda que em frentes diversas daquelas tradicionais, são fundamentais para o crescimento.

Quando o *bullying* e o *cyberbullying* são crimes

No Brasil, até recentemente, não havia uma definição normativa explícita para o *bullying*. No entanto, a Lei nº 14.811/2024 alterou o Estatuto da Criança e do Adolescente e passou a tratar do *bullying* e do *cyberbullying* como infrações passíveis de sanção penal e administrativa, delineando ações para prevenção e combate desses fenômenos, especialmente em ambientes escolares. Essa lei é complementada por outras legislações brasileiras. O próprio ECA prevê a proteção integral de crianças e adolescentes contra qualquer forma de violência, incluindo aquelas ocorridas no ambiente digital.

Antes da Lei nº 14.811/2024, o crime de *bullying* e *cyberbullying* não estava tipificado diretamente no Código Penal Brasileiro (CP). Ainda assim, nele já existiam diversas condutas associadas ao fenômeno que eram enquadradas em crimes já previstos, tais como:

1. agressão (art. 129);
2. ameaça (art. 147);
3. calúnia, difamação e injúria (arts. 138-140);
4. perseguição (art. 147-A – conhecido como *stalking*);
5. instigação ao suicídio (art. 122);
6. dano (art. 163), quando há destruição de bens da vítima;
7. extorsão (art. 158).

Atualmente, com a vigência da Lei nº 14.811/2024, o crime de *bullying* e *cyberbullying* passou a estar tipificado diretamente no Código Penal Brasileiro, no art. 146-A.

Do ponto de vista da responsabilização de menores, o Estatuto da Criança e do Adolescente estabelece que adolescentes entre 12 e 18 anos são sujeitos às medidas socioeducativas previstas no art. 112, podendo incluir advertência, prestação de serviços comunitários ou até internação em casos mais graves. Menores de 12 anos não são responsabilizados penalmente, mas podem ser submetidos a medidas de proteção, conforme o art. 101 do ECA.

Além disso, a jurisprudência brasileira tem considerado o *bullying* em contextos específicos. Por exemplo, o Superior Tribunal de Justiça (STJ) já analisou casos envolvendo responsabilidade civil de pais de menores que praticaram *bullying*, com base no art. 932, inciso II, do Código Civil, que dispõe sobre a responsabilidade dos pais pelos atos dos filhos menores. Também tem sido reconhecida a responsabilidade das escolas quando há falha na vigilância ou omissão no dever de prevenir situações de violência, em conformidade com o art. 927 do Código Civil e o entendimento consolidado em diversos tribunais.

Do ponto de vista civil, a vítima de *bullying* pode buscar a reparação por danos morais, materiais ou estéticos, dependendo das circunstâncias do caso. A responsabilidade pode recair sobre os pais do agressor, com base na omissão em supervisionar ou educar adequadamente, bem como sobre a escola, se esta não tiver adotado medidas efetivas de prevenção e controle.

Com relação ao *cyberbullying*, a Lei nº 12.965/2014 (Marco Civil da Internet) estabelece normas para responsabilização em casos de conteúdos prejudiciais publicados *online*. A lei também busca oferecer proteção à privacidade e à dignidade (art. 3º, II e III), define a responsabilidade no caso de publicação de conteúdos ofensivos (art. 19) e destaca a possibilidade de retirada de conteúdos íntimos sem necessidade de decisão judicial (art. 21). Nesse caso, a vítima (ou seus responsáveis) pode solicitar a remoção de conteúdos diretamente aos provedores ou, em caso de inércia, recorrer judicialmente. A Lei Geral de Proteção de Dados (LGPD) também protege crianças e adolescentes contra o uso inadequado de seus dados pessoais em ambientes digitais.

A recente legislação brasileira, incluindo a Lei nº 14.811/2024, busca não apenas punir as infrações, mas também reforçar a atuação preventiva das escolas, promovendo campanhas educativas, capacitação de docentes e envolvimento dos responsáveis para criar um ambiente escolar seguro e inclusivo. O papel ativo das escolas está alinhado à Constituição Federal (art. 205), que prevê o pleno desenvolvimento da pessoa como objetivo da educação.

São providências operacionais para o reconhecimento e a gestão dos casos de *bullying* e *cyberbullying*:

1. Recolher informações detalhadas sobre o ocorrido para encaminhar à Comissão de Convivência Escolar, prevista no ECA e em normas de gestão escolar. É essencial ser objetivo, evitando julgamentos. Um formulário pode incluir: quem fez a denúncia, quem registrou, identificação das vítimas e dos agressores, descrição detalhada do ocorrido, frequência dos episódios (ocorrência única ou repetitiva), presença de desigualdade de poder entre os envolvidos e reações de colegas.

2. Avaliar se os fatos configuram *bullying/cyberbullying*. A Comissão de Convivência Escolar, com o suporte dos professores e do diretor, deve confirmar a ocorrência do fenômeno. Caso os critérios sejam atendidos, seguir os passos indicados a seguir:

a) Comunicar imediatamente à família da vítima, por escrito ou por telefone, por meio do diretor ou do professor responsável, explicando os fatos relatados e as medidas em andamento. É recomendável alinhar estratégias conjuntas para suporte e resolução, considerando o uso de recursos externos, como conselhos tutelares.

b) Comunicar os pais ou responsáveis do agressor, por meio de carta ou ligação do diretor, para garantir o entendimento da gravidade da situação e propor ações reparadoras.

c) Convocar uma reunião do Conselho Escolar, ampliada para incluir representantes dos pais e membros da Comissão de Convivência Escolar, a fim de apresentar os fatos. Posteriormente, reunir-se em caráter restrito para definir as medidas disciplinares, conforme o Regimento Escolar e o ECA.

- As sanções devem seguir o princípio de proporcionalidade e reparação, promovendo a reeducação do agressor. Exemplos incluem: pedido formal de desculpas, participação em atividades educativas ou sociais (como organizar um projeto comunitário) ou suspensão de atividades extracurriculares.

d) Registrar a sanção aplicada no histórico escolar do aluno (de forma objetiva), destacando as medidas disciplinares e educativas adotadas.

e) Considerar denúncia formal às autoridades competentes, como Conselho Tutelar ou Delegacia Especializada, em casos que envolvam agressões físicas, difamação ou quaisquer crimes previstos no Código Penal.

f) Acionar o Ministério Público ou os Serviços de Assistência Social do Município, caso os responsáveis pelo aluno mostrem negligência, resistência à colaboração ou reincidência em situações problemáticas.

Legislação de referência

- Constituição Federal de 1988 (arts. 5º, 205 e 227): Garantem direitos fundamentais, o pleno desenvolvimento da pessoa por meio da educação e a proteção integral de crianças e adolescentes contra qualquer forma de violência.
- Estatuto da Criança e do Adolescente – Lei nº 8.069/1990: Dispõe sobre a proteção integral de crianças e adolescentes, estabelecendo medidas preventivas e protetivas contra todas as formas de violência, incluindo o *bullying* e o *cyberbullying*.
- Lei nº 14.811/2024: Regulamenta a criminalização do *bullying* e do *cyberbullying*, descrevendo ações específicas para prevenção, enfrentamento e aplicação de sanções, além de medidas educativas em escolas e ambientes sociais.
- Marco Civil da Internet – Lei nº 12.965/2014: Estabelece princípios, garantias, direitos e deveres para o uso da internet no Brasil, incluindo a responsabilização por conteúdos ofensivos e a proteção de dados pessoais de crianças e adolescentes.

- Lei Geral de Proteção de Dados - Lei nº 13.709/2018: Dispõe sobre o tratamento de dados pessoais, incluindo aqueles de menores, garantindo sua privacidade e sua segurança.
- Código Penal Brasileiro (arts. 129, 138-140, 147, 147-A e 163): Preveem penalidades para condutas relacionadas ao *bullying*, como lesões corporais, ameaça, perseguição (*stalking*), calúnia, injúria, difamação e dano ao patrimônio.
- Código Civil Brasileiro (art. 927 e art. 932, inciso II): Estabelece a responsabilidade dos pais por atos dos filhos menores, bem como a responsabilidade civil das instituições escolares por omissão na vigilância ou na prevenção de atos prejudiciais.
- Resolução nº 1/2021 do Conselho Nacional de Educação (CNE): Orienta a implementação de políticas educacionais que previnam o *bullying* e promovam o respeito no ambiente escolar.
- Decreto nº 10.940/2022: Regulamenta a aplicação de fundos destinados à capacitação de docentes e campanhas educativas para o combate ao *bullying* e ao *cyberbullying*.

O intimidador

CAPÍTULO 1

AQUELE QUE TEM

um comportamento intimidador

POR QUE ELE FAZ ISSO

Porque controlar os outros lhe dá um papel.

Porque deve satisfazer imediatamente suas próprias necessidades.

Porque deseja ser reconhecido e respeitado.

Para expressar solidão, raiva, insatisfação ou tédio.

Porque tem um temperamento explosivo, pouco controle emocional e baixo senso de si.

O QUE FAZER

✓ Valorizem a necessidade de novidade e constante autoavaliação.

✓ Tenham em mente que eles gostariam de ser parte ativa das situações.

✓ Considerem o seu desejo de se destacar em situações competitivas.

O QUE EVITAR?

✗ NÃO se concentrem apenas em atos de violência direta.

✗ NÃO o chamem de mal-educado.

✗ NÃO reajam "aumentando a dificuldade" ou com distância emocional.

✗ NÃO usem sempre a autoridade do seu cargo.

✗ NÃO optem por intervenções repressivas.

O que ter em mente

Com a etapa de desenvolvimento infantojuvenil, começa a fazer parte da realidade mostrar impulsividade nas respostas, reivindicar a própria independência, lutar pela definição da própria identidade, negar as regras impostas pelos adultos e as transgredir inevitavelmente: tudo aquilo que representa o ato de se colocar à prova para a autoafirmação. Quando, porém, a agressividade fica fora de controle, ela se transforma em violência, e comportamentos intencionais e persistentes no tempo (*bullying*), se não forem adequadamente contidos e elaborados, podem resultar em atos violentos e antissociais.

Quantas vezes vocês já ouviram a frase "A melhor defesa é o ataque"? Quem assume um comportamento intimidatório não é malvado, mas finge ser: a motivação para isso é do tipo relacional, ou seja, afirmar o próprio poder sobre o outro dentro de sua própria rede social de referência. As maneiras individuais de se relacionar com o outro são limitadas e rígidas, tanto que as ações negativas se configuram em um outro "*script*" quase estereotipado, nos quais os papéis (intimidador, vítima, observadores, apoiadores do intimidador, defensores da vítima) tendem a cristalizar-se.

Além disso ocorre que, quando se começa a interpretar um papel dentro de um grupo, cria-se a total identificação com aquele personagem (efeito Lúcifer).

O *bullying*, que se fundamenta sobre a motivação de dominância do intimidador, caracteriza-se também como fenômeno social, porque é sustentado pela fragilidade da vítima e pela omissão dos espectadores – que, para evitar represálias, não agem a fim de evitar a intimidação.

Por esse motivo, os fatores de risco são encontrados em primeiro lugar no ambiente sociocultural de referência, no modo de educação familiar (excessivamente severo, autoritário, coercitivo ou muito permissivo), no papel desempenhado na relação com os irmãos (que muito provavelmente se mantém no contexto escolar), na qualidade das relações instauradas e nas dinâmicas psicológicas da classe.

No que diz respeito às características de personalidade individuais, não existe ainda consenso sobre um perfil psicológico específico do intimidador: quem assume esse papel se mostra impulsivo, irrequieto, pouco empático e favorável à gestão do conflito de forma violenta; é, no entanto, hábil em ler emoções nos rostos das pessoas e tem um estilo narrativo desenvolvido em relação aos episódios significativos de sua própria experiência.

Do que o intimidador se defende? De experiências emocionais que não consegue integrar à própria experiência (p. ex., abandono, humilhação, falta de proteção ou de atenção por parte dos adultos significativos, da vergonha, do tédio, da própria incapacidade); ser hostil e atacar o outro são modos "de gerir" aquilo que não pode sentir por dentro. A estratégia é reativo-agressiva, na qual a ação (*acting out*) predomina em relação à reflexão: o intimidador tem um vago senso de si, ou seja, da imagem cognitiva de si (crença, objetivos, valores, identidade) que as experiências e as interações com os outros lhe refletem.

Como intervir

- Tentem tomar consciência das crenças que os seus alunos têm e de como elas influenciam nas dinâmicas de classe (uma consulta com o psicólogo escolar pode ajudar). Algumas pesquisas têm demonstrado como as relações positivas com o docente ajudam no desenvolvimento da identidade (ideia de si) e na aprendizagem (maior motivação), sendo um fator de proteção contra comportamentos sociais desadaptativos (desempenha um papel ativo na classe e na adesão às suas regras). Muitas vezes os docentes mostram baixos níveis de encorajamento, cuidado e acolhimento em relação aos alunos que têm comportamentos disfuncionais: não são conscientes do fato de que as suas crenças, opiniões e atitudes manifestadas influenciam a autoaceitação desses alunos pelo grupo, interferindo em sua popularidade e seu *status* social.

- Não utilizem rótulos, mas sejam francos (comunicando com firmeza, de modo objetivo e sucinto) e não moralistas. Utilizem a linguagem para ajudar a expressar/reformular pensamentos e emoções que precedem ao comportamento.
- Não transmitam a ideia de que o aluno que agride seja isolado porque tem comportamentos inadequados: se ele não tem estratégias funcionais para estar no grupo, a distância não deve ser aumentada entre ele e os outros, mas sim reduzida. Mudem o foco da relação intimidador-vítima e apostem na reflexão sobre os comportamentos desadaptativos e sobre consequências para o grupo como

um todo. Proponham-se como mediadores para os esclarecimentos.

- Conversem individualmente, encontrando momentos para refletir a sós sobre o que está acontecendo ou aconteceu.
- Estimulem o confronto por meio de mensagem para si mesmo (Gordon, 1981), ou seja, o docente, confrontando seus próprios desejos e sentimentos em relação aos comportamentos disfuncionais do aluno, ajuda-o a confrontar-se com os efeitos do comportamento sem formular juízos.
- Recordem que às vezes a "repreensão" ou o "envio ao diretor" atuam como um reforço involuntário para comportamentos disfuncionais, visto que aumentam a atenção sobre os alunos difíceis: considerem também que da próxima vez a estratégia de ação será aprimorada para evitar a punição. Atribua ao aluno um papel importante, sobre o qual deve se responsabilizar diretamente perante o diretor.
- Renegociem as regras e as decisões a serem tomadas no caso de transgressão, de forma democrática (estilos muito permissivos ou muito severos não responsabilizam os alunos).

Não esqueçam que...

A agressividade, por si só, não é considerada somente um impulso destrutivo, mas uma qualidade presente em qualquer um de nós, que representa uma força propulsora que nos leva a atingir nossos objetivos. No processo de formação, tais energias podem assumir diversas direções, que vão de uma agressividade positiva, expansiva e/ou defensiva - a qual pode nos fazer nos autoafirmar e autorrealizar sem esmagar os semelhantes - a uma agressividade negativa - que prevê a realização de si sem levar em consideração as necessidades dos outros.

CAPÍTULO 2

AQUELE QUE SE SENTE BEM

quando os outros sofrem

POR QUE ELE FAZ ISSO

Porque foi ferido.

Porque reconhece na vítima traços de personalidade de si mesmo (fragilidade, impotência) que não aceita e "gerencia" fazendo os outros sofrerem.

Porque a invulnerabilidade emocional lhe dá segurança.

O QUE FAZER?

✓ Valorizem a necessidade dos jovens de se relacionarem, mesmo que de forma disfuncional.

✓ Direcionem a sua vontade de ter um papel.

✓ Enfatizem suas aptidões e paixões pessoais.

O QUE EVITAR?

✗ NÃO apoiem a ideia de que ser forte significa não ter sentimentos.

✗ NÃO julguem a pessoa, mas seus comportamentos.

✗ NÃO se mobilizem exclusivamente por parte da vítima: o intimidador também é uma vítima e precisa de ajuda.

✗ NÃO façam referência às carências no seu ambiente familiar.

O que ter em mente

Um comportamento de ataque hostil, intencional, persistente, sorrateiro (porque sempre é cometido nos espaços paralelos às didáticas e no silêncio dos demais) suscita o quê, geralmente, no docente que é chamado a intervir na situação?

- Repulsa diante do confronto com a armadura emocional de quem pratica *bullying*.
- Incredulidade por não darem conta da situação.
- Fragilidade e sensação de impotência pela falta de ferramentas adequadas para interferir na situação.
- Desejo de transferir a questão para outros (diretor escolar, representante de necessidades educativas especiais, psicólogo).
- Empatia ou culpabilização da vítima que não consegue se defender.

A frieza de quem pratica o *bullying* é sempre o espelho da fragilidade profunda à qual se foi exposto e da qual foi revelado ser necessário se defender. O estresse emocional devido a não se sentirem amados o suficiente, o dever de crescer rapidamente sem serem ouvidos nas próprias necessidades, a sensação de serem adultizados, abandonados, traídos, humilhados ou "usados" em relações baseadas no poder, tudo desencadeia uma defesa de emergência contra uma dor emocional tão intensa que pode "fragmentar o eu", constituindo uma ameaça à própria sobrevivência.

A solução é tentar excluir os sentimentos de dor (dessensibilização) e remover as experiências dolorosas passadas, virando-se para o lado oposto: a invulnerabilidade. A condenação é a pobreza emocional, dada pelas relações nas quais a troca afetiva é substituída pelo controle, pelo exercício de poder e pela perda de contato com os outros e com as suas emoções.

Quem lida com quem pratica *bullying* se sente provocado e reage de modo punitivo, afastando-se: por causa dessa resposta fria, quem pratica *bullying* se sente legitimado a se aprofundar ainda mais em sua couraça, tornando-se sempre mais inacessível. Essa vulnerabilidade representa um fator de exposição importante para os jovens que se preparam para enfrentar as transformações da adolescência: implica o fato de que, para afirmar a própria identidade, os jovens assumem comportamentos de risco como forma de desabafo, por disputa à invencibilidade ou para afastar-se de si mesmo, quando, pelo contrário, os adolescentes deveriam ser orientados para os riscos sob uma ótica positiva (autonomia, capacidade de escolha, responsabilização, envolvimento em relações significativas etc.).

Isto é, o que falta para os jovens no geral é saber confiar, ou seja, encontrar apoio em um adulto de referência que possa servir de suporte e de exemplo, para desenvolver competências socioemocionais adequadas que lhe possibilitem "lidar com o conflito". No caso de quem pratica *bullying*, o "não espelhamento" no adulto de referência se traduz na falta de limites, no controle escasso dos impulsos, na dificuldade em experimentar intimidade e empatia: na compreensão somente racional do comportamento e das emoções dos outros, sem uma participação autêntica no sofrimento alheio, ou seja, sem conseguir estabelecer relações verdadeiras, que são atravessadas por afeto, proximidade e acolhimento.

Como intervir

Os estudos do campo neurocientífico têm evidenciado que o estresse emocional, causado pela interação com o ambiente psicossocial de pertencimento disfuncional, provocaria uma superprodução de cortisol (hormônio do estresse), que, hiperativando o sistema imunológico, afetaria o funcionamento dos tecidos do hipocampo (responsável pela remoção, na memória, das emoções negativas e dos comportamentos agressivos passados, o que torna difícil uma análise consciente) e do córtex pré-frontal (relacionado ao controle das emoções, carências na empatia e dificuldade na projeção de ações). Além disso, a redução dos níveis de serotonina estaria associada à implementação dos comportamentos agressivos.

Sua tarefa é pôr em prática intervenções psicoeducativas visando tornar parcialmente reversíveis os efeitos negativos de tais processos: deve-se priorizar a redução dos comportamentos que causam danos às vítimas, saindo da indiferença e implementando a colaboração de toda a classe; já a remoção das causas que levam os valentões a agir como tais precisa de mais tempo.

- Busquem um contato de qualidade, que implique uma atenção significativa com "a criança ferida" que se esconde embaixo do intimidador, apesar da clara mensagem de "Fique longe" que parece ter sido direcionada a vocês. É necessário armar-se de paciência, constância e clareza emocional: a hostilidade desses estudantes muitas vezes se dirige também aos adultos, e o desafio é não se deixar levar pelo conflito, nem espelhar a irritação e o ressentimento que foram direcionados para vocês.

- Procurem um interesse autêntico, deslocando o foco para a pessoa, em vez de para seu comportamento. Qual é o objetivo das suas ações? Quais podem ser as consequências? O comportamento inadequado deve ser corrigido, mas uma atitude culpabilizadora ou o caráter sarcástico podem levar a uma exposição pública do intimidador e a uma escalada das provocações, quando o seu objetivo é ensinar a gerir situações potencialmente críticas de maneira resiliente, a fim de substituir a raiva pela calma. Sem uma boa gestão dos impulsos e dos motivos internos, é bastante difícil encontrar espaço para a reflexão: vocês devem agir como "reservatórios", ou seja, promover o crescimento dos alunos compartilhando até suas piores partes, a dor que provocam e a confusão que causam.
- Utilizem o instrumento de *role playing* para "rever juntos" o ocorrido, dando suporte ao grupo para que reflitam e nomeiem as emoções sentidas, reformulem o modo de comunicarem as necessidades pessoais (implementando talvez um projeto sobre a utilização de linguagem inclusiva) e proponham hipóteses de diferentes interpretações para fazer a leitura das situações sociais. Além disso, ajude os alunos para que pensem em respostas alternativas para as provocações e intimidações.

Não esqueçam que...

Para o pré-adolescente, agir agressivamente é um modo de se comunicar e tentar gerar uma mudança no ambiente. Tornar-se agressivo pode ser, além disso, uma estratégia colocada em prática para lidar com algumas partes de si, doloridas e indesejáveis. Na prática, é como se o jovem dissesse: "Cuido de mim mesmo, das minhas dificuldades [aspecto positivo], jogando-as para fora [aspecto disfuncional]".

A agressividade, porém, pode fazer até quem deve lidar com isso perder a razão. Portanto, perguntem a si mesmos: Como lido com a minha raiva? Sou adequado para gerir as manifestações desse estudante no momento de crises? Quais aspectos da minha gestão pessoal da raiva podem ser um obstáculo à intervenção sobre a situação dos alunos? Quais recursos posso colocar em prática? Como posso colaborar com os colegas para lidar com as situações conflituais?

CAPÍTULO 3 AQUELE QUE

não vê as próprias ações como um problema

POR QUE ELE FAZ ISSO

Porque tende a superestimar as próprias competências e a aceitação social da qual desfruta.

Porque lê de modo "distorcido" as situações sociais e não interpreta corretamente os estímulos que recebe.

Porque comete erros ao atribuir intenções aos outros e ao definir responsabilidades.

Porque carece de habilidades sociais.

O QUE FAZER?

- ✓ Usem sua popularidade.
- ✓ Considerem a sua tendência a expressar, mesmo que com agitação, aquilo que sente.
- ✓ Apostem em sua capacidade cognitiva, que o permite compreender a relação de causa e efeito.
- ✓ Façam-no compreender que o *bullying* contribui para o desenvolvimento de comportamentos desviantes e inadequados.

O QUE EVITAR?

- ✗ NÃO o mantenham na zona de conforto, na qual pode expressar somente os seus pontos fortes.
- ✗ NÃO o façam trabalhar sempre individualmente.
- ✗ NÃO o controlem continuamente como se estivesse sempre e somente planejando "fazer alguma besteira".

O que ter em mente

Os comportamentos agressivos e de intimidação são caracterizados por um processamento disfuncional de informações sociais que encontram a sua origem em uma percepção não correta da situação contextual (Crick; Dodge, 1994). Essa percepção é causada pela influência dos modelos de relacionamento significativos internalizados na infância, e isso leva a interpretações inadequadas da realidade e das reais intenções dos outros, bem como a uma atribuição errônea de culpa. Se a pessoa tem padrões de resposta reduzidos e rígidos, pode lidar com o conflito:

- de modo impulsivo (intimidador reativo que não consegue controlar respostas imediatas de agressividade e dominação);
- de modo proativo (a agressividade e a intimidação são feitas de modo premeditado para obter uma vantagem social ou o controle sobre o outro).

Aparecem, no entanto, "indisponíveis" os padrões de resposta ligados à generosidade, ao sustento físico e verbal ou a outra forma de solidariedade, que constitui o comportamento pró-social baseado:

- na percepção de si como separado do outro;
- na capacidade de se identificar na experiência emocional do outro a fim de compreender o ponto de vista dele, mantendo-se, porém, separado do outro (empatia);
- na capacidade de atribuir um sentido aos comportamentos dos outros (teoria da mente);

- na capacidade de perceber e interpretar a si mesmo e aos outros como sujeitos agentes guiados por estados mentais (crença, valores, emoções, expectativas, necessidades, objetivos) internos e intencionais (mentalização).

Essas aquisições fundamentam a identidade e são determinadas pela maneira como o cuidador ouve e responde às necessidades da criança nas primeiras fases da vida: o primeiro ambiente relacional fornece um sistema de elaboração mental que produz representações sobre si, sobre os outros e sobre as relações.

Já uma leitura social implica considerar que, mesmo quando se intimida uma outra pessoa, faz-se também pela motivação de proteger a imagem de si, a fim de evitar autopunição e sentimentos de culpa: por parte de quem pratica o *bullying*, o fato de não se perceber as próprias ações como um problema é possível através de estratégias de desengajamento moral (Bandura *et al.*, 2001). Esse conceito faz referência à crença e a argumentos que têm o papel de interpretar comportamentos danosos sob uma luz positiva:

- encontrando uma causa digna (p. ex., "Entre meus amigos o *bullying* é aceitável");
- usando uma linguagem eufemística (p. ex., "Eu pego as coisas dos outros sem pedir, mas tem tanta gente que mata");
- transferindo a própria responsabilidade para uma autoridade (p. ex., "Os adultos na escola devem ser responsáveis por proteger as crianças dos intimidadores") ou para

o grupo, ignorando ou distorcendo o impacto negativo da ação (p. ex., "O *bullying* induz as crianças a entenderem aquilo que é importante para o grupo");

- reduzindo o impacto moral do comportamento negativo, culpando e desumanizando a vítima, vendo-a como merecedora das agressões sofridas.

Como intervir

Educar para a empatia e promover as habilidades pró-sociais fornecem a oportunidade de criar alternativas válidas ao invés de atitudes agressivas, favorecendo o desenvolvimento de relações que proporcionem bem-estar e contribuam para o aumento da autoestima daqueles que as expressam.

- Promovam atitudes orientadas para a obtenção de benefícios aos outros e, através disso, o próprio (altruísmo), incentivando entre os companheiros ações de ajuda, compartilhamento (de tempo, comida e material) e cooperação (mesmo com propósitos não estritamente ligados ao aprendizado), bem como participação em iniciativas solidárias (por ex., banco de tempo, organização de eventos comunitários).
- Expliquem as regras para o bem-estar na classe, colocando a atenção nas convenções sociais (por ex., saudar, agradecer, manter organizado o espaço pessoal e do grupo). Elogiem as iniciativas altruístas e reforcem os atos pró-sociais no grupo, procurando evidenciar que o objetivo comum é proteger relações e o clima de proximidade e acolhimento.

- Instituam uma hora na semana dedicada à escuta mútua e à melhoria das dinâmicas da turma. Ao fazer isso, ensinem que ouvir o outro é diferente de apenas escutar aquilo que ele disse: proponham exercícios para reconhecer a mensagem manifestada e os significados implícitos na comunicação. Lembrem-se de que devem educar para a regulação emocional, e não promover a racionalização das emoções: isso significa promover consciência das emoções complexas, gerindo-as no conflito de modo socialmente aceitável.
- Incentivem a reflexão sobre o fato de que cada um de nós, com base em experiências passadas, desenvolve expectativas sobre os outros e seus comportamentos: não foquem tanto em punir, mas ressignificar as consequências dos comportamentos erráticos na turma, evidenciando a ligação natural entre causas e efeitos. Por exemplo, se quem agride intervém sempre primeiro sobre as questões relativas à organização da classe e a maior parte do grupo o deixa fazer isso, mesmo que considere "cansativo porque sempre faz assim e não consegue se calar", é praticamente inútil esperar que na próxima discussão isso não se repita. Em um caso como esse, é produtivo interromper a intervenção de quem tende a se impor para que outras vozes possam emergir.
- Levem em consideração o seguinte: pode ser percebido e discutido que o grupo pode agir como regulador para quem tende a se impor, desde que se tenha em mente que o propósito é o diálogo, e não fazer emergir um

"porta-voz" no qual não se reconhece. Pode-se também valorizar quem tem a tendência a se destacar, não lhe dando um papel de porta-voz, mas daquele que certifica que a discussão do grupo seja integralmente registrada e que seus tópicos principais sejam destacados.

Não esqueçam que...

As crianças aprendem pelo exemplo mais do que por palavras: Familiarizar-se com as emoções da turma e aprender a reconhecê-las requer do docente colocar-se em discussão, utilizando tempos, modos e ações, de forma a melhorar as próprias intervenções motivadoras e recompensadoras.

CAPÍTULO 4

AQUELE QUE NÃO

se comunica adequadamente

POR QUE ELE FAZ ISSO

Porque tende a agir antes de pensar.

Porque não reconhece as próprias emoções e/ou não consegue expressá-las.

Porque não tolera o diálogo e as diferenças de pontos de vista.

Porque tem experimentado uma forma insegura de se relacionar com o outro.

Porque não sabe lidar com os conflitos.

O QUE FAZER?

✓ Destaquem a necessidade de comunicar algo sobre si ao grupo com objetivos comunitários, e não individuais.

✓ Utilizem de forma assertiva a firmeza com a qual ele defende as próprias convicções.

✓ Valorizem sua participação nos conflitos como um estímulo para ser parte ativa das situações, expondo o próprio pensamento.

O QUE EVITAR?

✗ NÃO forcem uma reelaboração instantânea da vivência emocional.

✗ NÃO elogiem mais do que devido as suas qualidades.

✗ NÃO cedam ao convite à discussão.

✗ NÃO incentivem uma reação passiva diante do conflito.

✗ NÃO ajam contra ele sem explicar o sentido da própria decisão.

O que ter em mente

Pôr em prática comportamentos intimidadores tem ganhos secundários para quem os pratica, porque leva a um aumento da aprovação em relação à própria pessoa (vantagem social). Não somente isso, os atos de transgressão podem fazer o intimidador parecer simpático (vantagem emocional), aumentar seu número de contatos (vantagem relacional), gerar admiração para ele (vantagem sedutora) ou, ainda, permitir que represente o centro das atenções dos adultos. O ato em si é fortalecido por ganhos secundários a serem identificados no contexto específico e para cada pessoa para poder extinguir os comportamentos inadequados.

Diante de uma situação conflitante, a agressividade (impor o próprio ponto de vista), assim como a passividade (deixar de lado o próprio ponto de vista para assumir o de outros), não promove adaptação social. Em vez disso, revela-se necessária uma comunicação que consista na expressão do próprio pensamento, levando em consideração que ele "é um entre muitos" e merece respeito tanto quanto as ideias de outros (assertividade). De fato, é no encontro com a alteridade – com aquilo que é diferente de nós e com o qual podemos entrar em conflito – que podemos definir a nossa identidade e criar para nós um sistema de crenças: é confrontando a diversidade, em vez de ignorando-a ou fugindo dela, que crescemos.

O estilo de educação dos pais e a capacidade de saber ouvir o sofrimento de um filho definem o senso de segurança deste último. Tanto a forma de educação permissiva (que não coloca um limite na agressividade) quanto a educação autoritária (caracterizada por violentas explosões emocionais), assim como a falta de carinho, participação no acolhimento e sintonia entre pais e filhos, criam um senso de desconfiança em relação aos outros e dão à criança a mensagem de que os sentimentos são imprevisíveis e perigosos. Em consequência, a criança é levada a se defender deles, evita-os (distanciamento emocional) ou gere-os de modo disfuncional.

Alguns estudos conduzidos no âmbito da neurociência têm mostrado como o ambiente emocional durante a infância modifica as funções de algumas estruturas neuronais responsáveis pela elaboração das emoções (sistema límbico), comprometendo de fato os comportamentos sociais do indivíduo. É possível que o intimidador não tenha compaixão pela vítima porque não consegue reconhecer em seu rosto uma expressão de medo ou sofrimento, nem notar a presença desses sentimentos no tom de voz (córtex temporal). Ele também se mostra incapaz de integrar as emoções com o contexto e de orientar as próprias ações a fim de se controlar (córtex pré-frontal), além de ser pouco capaz de demonstrar sentimentos pelos outros (córtex frontal).

Como intervir

- Fortaleçam as competências comunicativas dos seus alunos pedindo que reformulem seus desconfortos com as próprias palavras. Sentir-se desconfortável em algumas ocasiões é normal, mas nem todos temos os mesmos incômodos: as expectativas pessoais e aquilo que os outros pensam servem como reguladores. Promovam durante a aula uma modalidade comunicativa não hostil, mostrando às crianças que existem diversas maneiras para se comunicar (verbal, não verbal, simbólica) e que comunicamos aquilo que somos e aquilo que pensamos (visto que as palavras dão forma aos pensamentos): cada palavra é uma ponte em direção ao outro, mas também pode ser uma barreira, assim como a falta de palavra, o silêncio, também é uma forma de comunicação. Podem criar um manifesto coletivo sobre o estilo comunicativo da classe. Isso pode incluir a análise do investimento corporal típico do período da pré-adolescência para refletir sobre os símbolos comunicativos (*piercing* e tatuagem, mudança de penteado, hábitos, cores, postura etc.) e sobre como as interpretações e o consentimento dos outros podem definir a inclusão ou a exclusão de um único grupo.

- Não caiam no erro de considerar a agressividade e a passividade comportamentos que se excluem mutuamente, ou mesmo de presumir que, se uma pessoa é agressiva, então não pode ser passiva – e vice-versa: é normal ter um comportamento passivo em algumas situações e agressivo em outras. Para isso é importante destacar não só as consequências de uma modalidade comunicativo-relacional intimidadora, mas também as daquela passiva: quem mantém esse tipo de modalidade geralmente é bastante inseguro de si, tem pouco senso de autoeficácia e alta ansiedade social, e, portanto, busca a todo custo a aprovação dos outros. A condescendência e a disponibilidade são úteis para aceitar-se, mas devem ter um limite, senão dificultam a liberdade individual: é fácil que outros se aproveitem, aumentando progressivamente suas solicitações.

- Definam um clima de sala de aula baseado no direito à reciprocidade: posso agir para garantir a minha felicidade e atingir os meus objetivos sem violar os direitos dos outros; tenho o direito de errar, de pedir ajuda sem ser julgado, de mudar de ideia, de dizer "não" sem me sentir culpado, de ter um tempo para responder, de não fazer mais do que o possível. Com isso, minimizam-se os riscos de mal-entendido que surgem ao constranger os outros a fazer suposições.
- Identifiquem e refutem as crenças típicas de base dos que assumem atitudes intimidadoras: "É normal que aqueles bobos sejam ridicularizados; não estou fazendo nada demais: é só uma brincadeira, para nos divertir; os professores não podem me fazer nada, sou menor de idade, então não podem me punir". Na verdade, só aparentemente um estilo agressivo pode fazer alguém obter aquilo que se deseja, porque há um preço a se pagar: a agressividade mina o respeito e a fidelidade recíproca; os outros podem guardar rancor e podem aprender a evitar ou a se opor a quem intimida.

Não esqueçam que...

Seja em nível consciente ou inconsciente, a percepção da credibilidade do professor tem um impacto significativo sobre os comportamentos do estudante e sobre a eficácia do professor enquanto educador e bom comunicador. As variabilidades que podem influenciar os graus de credibilidade percebida pelos estudantes são, fundamentalmente, quatro:

1. a confiança: ser honesto e sincero ao dar informações, evidenciando lacunas além de pontos fortes; demonstrar confiança na capacidade dos estudantes;
2. a competência: fornecer informações claras e desprovidas de erros, apresentando-as de maneira organizada; planejar aulas envolventes;
3. o dinamismo: desenvolver um bom estilo expositivo, utilizando recursos multimídia, atentando-se à gestualidade e à variação da entonação, assim como a sua posição espacial;
4. o imediatismo: manter uma postura relaxada, olhar nos olhos do estudante, sorrir, reduzir a distância física quando oportuno e consentir um estilo verbal confidencial para tornar a comunicação mais fluida e eficaz.

Anotações

A vítima

CAPÍTULO 5

AQUELA QUE

se sente culpada pelas próprias ações

POR QUE ELE FAZ ISSO

Porque se sente errada e se envergonha disso.

Porque acredita que, no fundo, quem intimida tem razão de fazê-lo.

Porque teme ser excluída do grupo.

O QUE FAZER?

- ✓ Interrompam imediatamente a agressão e procurem saber os motivos depois.
- ✓ Apoiem a vítima e deem suporte a ela.
- ✓ Encorajem a reação nos momentos de desconforto.
- ✓ Estimulem uma cultura de compartilhamento de relatos, valorizando a diversidade.

O QUE EVITAR?

- ✗ NÃO recordem à vítima as suas dificuldades de relacionamento sem antes protegê-la das intimidações.
- ✗ NÃO presumam que "a vítima deve aprender a reagir", evitando que necessitem intervir.
- ✗ NÃO minimizem os atos intimidatórios evitando falar disso abertamente.
- ✗ NÃO esqueçam de esclarecer que o ***bullying*** e a violência são inadequados.
- ✗ NÃO deixem de lado o controle nos momentos recreativos e não estruturados.

O que ter em mente

Uma vítima é escolhida especificamente, e não ao acaso: em geral, destaca-se porque tem algo de diferente da imagem de pré-

-adolescente que é compartilhada pelo grupo (modo de vestir, origem geográfica, modo de falar, interesses etc.). A segurança que essa vítima garante a quem intimida é que não será facilmente ajudada pelos outros. Além disso, a imagem que a vítima passa é de ser frágil, pois é alguém que muitas vezes apresenta características como: tem baixa autoestima, tem pouca atitude para solucionar os problemas, evita os conflitos, experiencia sentimentos de solidão, sente-se menor do que os outros, abaixa a guarda, não responde às solicitações, é ausente na escola por conta de distúrbios psicossomáticos (dor de cabeça, dor de barriga, transtorno do ciclo sono-vigília, incontinência, fobias). As emoções que a vítima pode experimentar são:

- a raiva pela incapacidade de reagir;
- a vergonha por ser vista como fraca pelos companheiros e possivelmente decepcionar seus pais;
- a culpa, pois pensa que merece o acontecido e sente-se responsável por isso;
- o medo constante de ser ridicularizada ou se tornar o alvo, de não estar à altura ou de que aconteça um outro episódio de intimidação.

Esse *mix* de emoções implica um isolamento emocional tal, que a vítima é levada a não procurar ajuda e sofrer de modo repetitivo e constante: isso pode causar manifestações ansioso-depressivas, evasão escolar, incapacidade em assumir responsabilidade e papéis sociais, dificuldades para estabelecer e manter relações interpessoais sadias, dificuldades ligadas à esfera sexual, até o extremo do suicídio.

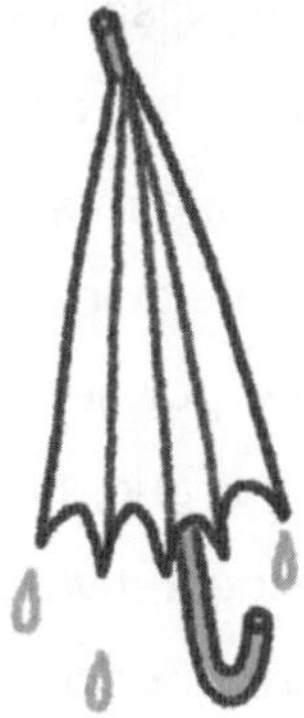

A sensação de culpa é criada pela vergonha, que, por sua vez, parece ser originada pelo desgosto à sua volta, que dirige a si mesma, e não ao externo.

Existem dois tipos de culpa:

- ligada à violação das regras morais;
- ligada à empatia com o sofrimento daquele que não obteve ajuda ou foi ferido.

As neurociências dizem que esses dois sensos de culpa são associados a um substrato neuronal diferente: se transgredirem as regras sem prejudicar ninguém, é ativada a ínsula (área do córtex cerebral que se encontra no sulco entre os lóbulos temporal e frontal, responsável pelo processamento do desgosto), enquanto, nas situações em que alguém sofre um dano injusto, é ativado o córtex pré-frontal medial, porque à emoção se juntam processo cognitivos complexos (p. ex., a elaboração das consequências da tomada dos riscos).

O condicionamento pelo sentimento de culpa, tanto da vítima quanto do agressor, é similar e geralmente provém do ambiente familiar: por exemplo, as regras podem ser colocadas de maneira afetiva e manipuladora ("Não se comporte assim, senão vai me envergonhar", "senão vai estar sendo desobediente") ou mesmo expressar expectativas muito altas ("Não responda mal", "Você deve ser o melhor") ou agressivas ("Seja esperto", "Faça-se valer"), em particular no caso da vítima, que não reage porque se sente culpada por não corresponder às expectativas ou até mesmo por ser causa dos conflitos familiares. Quem intimida, pelo contrário, nega o sentimento de culpa de não corresponder às expectativas e por contrariar a educação recebida e reagir com arrogância. Como forma de defesa, é comum expressar seus sentimentos sob a forma de agressão e violência.

Ambos tendem a procurar nos eventos confirmação das suas percepções de si mesmos, e esse "filtro de atenção" criado contribui para fixar esquemas comportamentais rígidos, que eventualmente podem conduzir para uma patologia.

Como intervir

- À medida que os jovens crescem, parece diminuir sua confiança nos pais e na instituição escolar como instrumentos eficazes de proteção e intervenção em relação àquilo que sofrem na escola e na internet. É importante que os responsáveis tentem não exigir total autonomia dos jovens só porque estão crescendo: isso incentiva o silêncio, porque esse pedido implica que o mundo adulto, dessa forma, está dizendo: "Você deve fazer isso sozinho e, preferencialmente, ter sucesso". Então, demonstrem

interesse pelo mundo interno dos alunos e construam um espaço de acolhimento, onde relatar suas experiências tenha um significado real: por exemplo, para incentivar o relato dos episódios de intimidação, pode ser construída uma "caixa das intimidações", na qual se pode escrever sobre o que aconteceu na turma em um bilhete, ou mesmo criar um suporte sobre o qual se possa colocar uma bolsa/sacola com o nome de cada aluno e fazer de uma maneira que recolham os bilhetes com mensagens destinadas a cada um, que depois serão compartilhadas em um momento específico, quando o foco estiver direcionado para as relações e emoções vividas pelo grupo. Essa estratégia pode ser útil para trabalhar sobre um evento específico, mas é ainda mais eficaz se usada como instrumento educativo de monitoramento do clima da classe, de modo compartilhado e contínuo no tempo.

Lembrem que a aceitação e o reconhecimento por parte dos outros é uma necessidade e uma exigência: ser excluído, marginalizado e intimidado de maneira injusta é uma dor imensa para um jovem. Vocês devem recordar as suas experiências enquanto adolescentes para ter empatia com a juventude, e as suas respostas a eles não devem simplórias como "Você não deve se preocupar com aquilo que os outros pensam" ou "Você deve ficar longe deles". Não ser considerado é algo tão inaceitável para tantos jovens, que, para serem aceitos e evitarem ser totalmente marginalizados, eles chegam a fazer coisas muito desagradáveis: tentam ver aquilo que sofreram como uma piada e aceitam esses termos para continuar no grupo, mesmo no papel de vítima. Sofrem indefinidamente e preferem ser considerados parte do grupo, mesmo como vítimas, o que caracteriza uma ilusão: é preciso ensinar que nenhum tipo de comportamento intimidatório é justificável – nem mesmo para fazer parte de um grupo –, que aquela não é a maneira de demonstrar amizade e que compactuar com o intimidador pode ser parte do problema.

- "Desconstruam" as justificativas dos intimidadores: os agressores costumam justificar seu comportamento por meio da tentativa de convencer a vítima de que sua "brincadeira" não é nada em comparação a outras situações (piores). É preciso mostrar aos alunos que esse pensamento tende a escalar as manifestações de violência.
- Mostrem à vítima como seu sentimento de culpa mistura suas percepções com as do agressor: os intimidadores precisam considerar a vítima como culpada ("Ela foi atrás disso") e lhe imputar esse papel. Porque, para poder intimidar, não se pode ter compaixão pelo outro, e é portanto necessário acreditar que efetivamente mereçam ser tratadas como estão sendo tratadas.
- Apontem sobre o direito coletivo a um ambiente de bem-estar, porque o respeito pelos outros e o combate à violência são valores comunitários prioritários. Ensinem que eles não devem se conformar em serem vítimas e

os incentivem a manter um diário dos episódios de violência, mesmo que isso seja doloroso, pois essa estratégia ajuda a vítima a desabafar e ter controle sobre os próprios sentimentos. Esse instrumento é também um meio que definitivamente será útil

quando a vítima decidir relatar o episódio a alguém: insistam efetivamente no fato de que as coisas não mudarão até que se denuncie o que acontece.

Não esqueçam que...

No caso em que, apesar das intervenções, a situação não melhore, ou se note ou sejam relatados pelos pais sintomas de mal-estar que necessitem de uma atenção clínica, é oportuno incentivar e acompanhar a vítima no pedido de assistência de um psicólogo.

CAPÍTULO 6

AQUELA QUE

se mostra passiva e submissa

POR QUE ELE FAZ ISSO

Por reação à desvalorização derivada das contínuas rejeições dos outros.

Porque as suas seguranças básicas estão abaladas de modo a não ser possível fazer uma avaliação objetiva das situações.

Por medo de retaliações futuras.

O QUE FAZER?

- ✓ Favoreçam um clima de classe no qual pedir ajuda não seja considerado uma vergonha.
- ✓ Protejam a vítima, se necessário mantendo o seu anonimato em um primeiro momento.
- ✓ Valorizem qualquer tentativa de pedido de ajuda como atitude ativa e propositiva de enfrentar a situação problemática.
- ✓ Sugiram estratégias para se manter seguro e se defender das intimidações.

O QUE EVITAR?

- ✗ NÃO pactuem com o "muro de silêncio" da vítima, que evita confrontar o problema.
- ✗ NÃO presumam que "a vítima deve aprender a reagir", evitando-se a intervenção externa.
- ✗ NÃO pressionem a vítima com perguntas úteis somente para identificar os culpados.
- ✗ NÃO substituam a vítima nas ações a serem realizadas para afrontar quem a intimida.

O que ter em mente

Uma coisa que une quem intimida e quem é vítima é uma comum desconfiança quanto à possibilidade de os adultos compreenderem os seus problemas, tanto que criam um distanciamento. O intimidador não confia no genitor porque tem medo de transformar-se em objeto de zombaria ou de agressividade verbal ou física: teme que as suas emoções criem irritabilidade no adulto, mais do que uma preocupação verdadeira destinada a compreender o sentido das ações que expressam um grave desconforto. A vítima também não se dirige aos pais, uma vez que teme que estes se decepcionem com sua vulnerabilidade (assim, além de ferir a si mesma, acabará ferindo a pessoa de quem necessita), e essa ferida parental pode dar lugar a futuras situações de humilhação. Se o genitor se dirigisse diretamente ao intimidador (ou aos pais dele ou a autoridades escolares), confirmaria na vítima a sensação de estar "errado", de não saber se cuidar sozinho e de criar problemas aos pais, fazendo-os se sentir humilhados, feridos e desiludidos.

No diálogo, a vítima de intimidação tende a imputar aos adultos, em geral, desatenção, incoerência, dificuldade em assumir posições claras e certa insensibilidade aos seus problemas; mostra pouca confiança em si mesma e um baixo nível de assertividade.

Na relação com o intimidador, a vítima tende a se identificar com ele: sabendo que não pode combatê-lo, não se defende; coagida pelo medo, abdica de si mesma para se tornar aquilo que exatamente quer aquele que intimida. Tende a sentir, por um lado, aquilo que o intimidador sente, mas, por outro, aquilo que o intimidador quer que a vítima sinta. A procura por afeto e validação leva a vítima a um círculo vicioso: na tentativa de mudar o próprio comportamento, erroneamente considerado inadequado, para reabilitar a própria imagem aos olhos do intimidador (e, por consequência, aos próprios), insiste no comportamento considerado inadequado procurando corrigi-lo com ações reparadoras, e assim perpetua uma relação de submissão e dependência que, à sua volta, responde à necessidade que quem intimida tem de manter a própria supremacia e domínio sobre ela.

Alguns estudos demonstram como as mensagens depreciativas criam na vítima uma espécie de bloqueio emocional, devido à ânsia e à insegurança pessoal, de modo a impedir a memória de curto prazo de ficar focada nas tarefas cognitivas. Quem sofre, traumatizado pelo medo e paralisado pelas humilhações, geralmente apresenta uma diminuição do rendimento escolar e não busca estratégias de defesa adequadas para combater aquele que o agride. Ao contrário, costuma se fechar e se conformar passivamente, para evitar futuras intimidações.

Por muitos aspectos, a vítima passiva de *bullying* é encurralada na "síndrome do bom menino": criada em um contexto no qual nunca foi permitido dizer "não" ou manifestar a própria raiva como força de determinação, acaba por aceitar o inaceitável para se sentir parte de um grupo. A vítima também está em déficit de autoestima porque é possível que, no fim da infância, tenha sido humilhada pelos adultos – que, em vez de protegê-la, humilharam-na e espantaram-na ao ponto de ela ter interiorizado um "intimidador interior" que parece lhe dizer: "Você merece, fazem bem em tratar você assim, você não merece ser feliz, o seu destino é sofrer, e para sempre".

Como intervir

- Mostrem ao aluno vítima de *bullying* a sua "atenção incondicional", ou seja, observem-no sem expectativas idealizadas, vendo-o como ele é enquanto indivíduo: isso contribui para formar um "escudo de dignidade", isto é, a ideia de ter valor, a sensação de ter a força e a coragem de não aceitar o inaceitável. O trabalho com a vítima deve levá-la a sentir e entender que ninguém tem o direito de humilhá-la ou pisar nela, e que a sua primeira tarefa é aprender a se amar.
- Armem-se de paciência, porque pode ser necessário mais de um momento para fazer emergir os eventos e as suas dinâmicas: o importante é fazer a vítima sentir que se dá importância àquilo que vem sendo narrado, ainda que de maneira parcial ou modificada.
- Em relação às iniciativas, procurem fazê-las de acordo com a vítima, para fazê-la se sentir apoiada e ajudá-la a encontrar sozinha uma solução, sem cair na imediata exigência de fazer justiça. Adotar uma postura hiperprotetora faz os jovens evitarem as experiências negativas, mas também os faz incapazes, mesmo na imaginação, de afrontar situações difíceis: proteger demais um aluno é garantir-lhe a impossibilidade de abandonar o papel de

vítima. Por isso a "vítima sacrificial", quando provocada, não sabe como reagir, não consegue afirmar os próprios direitos, tem medo e temor de vingança, e então responde às condutas física e verbalmente violentas e ameaçadoras com a submissão, baseando-se na crença de não ser capaz.

- Não defendam o evitamento dos lugares onde aconteceram os episódios de *bullying*: a vítima pode se afastar momentaneamente, criando um tipo de "período amortecedor", mas depois deve encontrar suporte para retornar às atividades habituais.
- Com a ajuda da família, apoiem os canais de socialização que transmitem uma imagem positiva e funcional da vítima, de forma a lhe dar segurança.

Não esqueçam que...

Um número cada vez maior de adolescentes põe em prática comportamentos autolesivos ocasionais ou repetidos ao longo do tempo. Com base nesses atos frequentes, existe uma sintomatologia de caráter introspectivo (ânsia, depressão, isolamento social e somatização) que, por nem sempre evoluir para um diagnóstico clínico, pode ser de difícil reconhecimento, a menos que já esteja em um nível avançado. Esse conjunto de sintomas influi negativamente sobre o desempenho escolar e sobre as relações familiares e sociais. Além disso, os estudos indicam que o aparecimento de sentimentos depressivos na pré-adolescência anuncia a manifestação de uma sintomatologia depressiva mais importante nos anos sucessivos: ser um pré-adolescente com altos níveis de empatia pode constituir uma condição de risco caso não haja uma relação com adultos realmente acolhedores (no sentido de ser capaz de aceitar o jovem como ele é, dar-lhe afeto, estar disponível ao diálogo).

CAPÍTULO 7

AQUELA QUE
tem atitudes provocadoras

POR QUE ELE FAZ ISSO

Porque adota uma conduta hostil que resulta ineficaz em atingir o objetivo pretendido.

Porque é ansiosa, insegura, inquieta.

Porque quer provocar quem tem comportamentos intimidadores.

Para tentar intimidar outras vítimas.

O QUE FAZER?

- ✓ Contenham a sua tendência a rebater e a recorrer à força.
- ✓ Controlem a irritabilidade.
- ✓ Mostrem que ela pode receber atenção dos outros sem precisar ter atitudes inadequadas.
- ✓ Assegurem-na sobre a sua própria integridade física.

O QUE EVITAR?

- ✗ NÃO deem ouvidos ao senso de desconforto que provoca.
- ✗ NÃO perpetuem o seu padrão de vitimização.
- ✗ NÃO calem quem geralmente intimida quando diz estar sendo provocado.

O que ter em mente

É importante salientar que o simples recurso à agressividade não diferencia por si só papéis antiéticos e complementares do intimidador e da vítima. Até as vítimas podem recorrer a condutas agressivas.

O papel de "vítima provocadora" é pouco difundido e pode ser também definido como "vítima intimidadora", porque é caracterizado pela combinação de dois modelos reativos: aquele ansioso e aquele agressivo. Este tipo de vítima costuma ter problemas de concentração e manifesta hiperatividade; comporta-se de modo a causar ao redor de si tensão ou irritação, desencadeando respostas negativas por parte da maioria dos companheiros e também por parte dos adultos. Geralmente a agressividade exercida não é expressa de modo evidente: a vítima provocadora age de maneira indireta, ou seja, provoca, ataca, irrita de tal modo que o seu impulso agressivo seja percebido no ambiente como expresso pelos outros; o resto do grupo sempre a descreve como irritante porque ela insiste em seu próprio comportamento, incutindo provocações até mesmo quando não desencadeia uma reação explícita no outro. Certamente lhe faltam algumas habilidades sociais de base e ela tem pouca compreensão das regras de comportamento "informais" do grupo de colegas: a insegurança e a baixa autoestima a aproximam da vítima passiva, mas há um menor risco de desenvolver sintomatologia depressiva em idade adulta. Muitas vezes é movida pelo desejo de ter um papel dentro do grupo ou de ser reconhecida

como "digna de atenção e respeito" por parte dos líderes ou de quem intimida: põe-se na condição de ser continuamente colocada à prova de si mesma e somente faz alianças momentâneas com quem intimida ou com quem reconhece como autoridade dentro do grupo de colegas, o que parece fazê-la "se reabastecer" de autoestima. Não é pouco frequente que suas relações primárias tenham sido caracterizadas por alta conflitualidade e coação, que ela tende a reproduzir no cotidiano com a finalidade de adquirir capacidade de geri-la.

A vítima provocadora pode ser percebida como desagradável porque tende a recorrer constantemente à mediação do adulto com contínuas lamentações sobre o comportamento dos outros, fazendo especialmente o papel de "delator" das dinâmicas internas ao grupo para atacar alguém de propósito, ou porque assume comportamentos envolventes (p. ex., dirige-se ao diretor como se fosse seu igual) e/ou manipuladores (uso de outro para os próprios fins).

Os pais de alunos vítimas-provocadoras costumam ser alheios às atitudes promovidas pelos filhos, mas estão cientes das intimidações que sofrem por parte dos outros: é comum que se dirijam aos professores para pedir uma intervenção que resolva o problema quase como mágica, o que demanda dos professores toda a sua paciência para apaziguar a ansiedade da família, obter respeito pelos papéis e limites e promover soluções colaborativas.

Como intervir

- De um lado, evitem cair no viés de culpabilização e intervenção nos confrontos diante de atos ostensivamente agressivos e evitem acreditar em quem habitualmente provoca e em quem relatar ter reagido por ter sido instigado a fazê-lo: não se aliem com a vítima logo de início. De outro lado, convém esclarecer que em nenhum caso um comportamento agressivo deve ser tolerado e que não importa quem é o primeiro a agir: atenção para não responder ao desconforto que a vítima provocadora suscita aliando-se com quem intimida e justificando implicitamente a reação.
- Mostra-se sempre oportuno que vocês façam uma boa observação das dinâmicas relacionais para depois poder permitir um confronto entre os atores sobre um mesmo evento. Demonstrem à vítima intimidadora o quanto a sua modalidade de fazer parte do grupo na realidade não produz nada além de fazê-la parecer antipática aos colegas, e que talvez seja isso que atraia condutas de intimidação por parte dos outros, ainda que estejam errados. Pode-se propor perguntas que estimulem a reflexão sobre as estratégias ineficazes adotadas, por exemplo: "As estratégias que está adotando para fazer parte do grupo, na sua opinião, estão realmente lhe ajudando? De onde vem a impaciência dos seus colegas com você? Quais outras estratégias você pode observar, de outros colegas que são mais bem-aceitos, para ser mais bem-integrado na classe?"

- Seja individualmente ou em situações de grupo, destaquem os pontos fortes da vítima intimidadora, ajudando-a a encontrar outras modalidades para estar no grupo. É preciso ainda evitar que a vítima intimidadora, geralmente rabugenta e pouco capaz de controlar a própria emotividade, deixe aflorar a sua agressividade com quem percebe ser mais fraco e indefeso do que ela.

Não esqueçam que...

Existem duas tipologias de autoestima: a autoestima de ser e a autoestima de fazer. É, portanto, necessário que os adultos reforcem, além das competências relacionais, também as habilidades práticas dos jovens (o saber fazer). Estabeleçam como objetivo a realização de uma atividade cooperativa mensal, que sirva também como um momento de reflexão e cuidado das relações do grupo: semear, cultivar, colher vegetais e cozinhá-los juntos, construir um artefato com material reciclado, restaurar uma bicicleta, organizar um evento para a comunidade...

Também funciona simplesmente organizar um momento de estudo: em uma primeira fase, dividam os jovens em grupos de quatro ou cinco alunos, e cada grupo deve aprofundar um aspecto diferente de um mesmo assunto; na segunda fase, formem grupos mistos compostos por um "especialista" para cada tema aprofundado, e cada um deverá explicar ao novo grupo aquilo que aprendeu, tornando-se responsável pelo próprio saber e pelo dos outros. É possível então incluir uma exposição de grupo, na qual cada um explana um dos aspectos aprendidos pelos colegas com a sua supervisão – desse modo, podem ainda trabalhar com o fato de que saber expor as coisas por si mesmo é possível por haver no grupo uma comunicação eficaz, ou seja, uma comunicação que permite haver um bom nível de compreensão entre todos os membros.

Anotações

O grupo

CAPÍTULO 8

QUEM APOIA

o intimidador

POR QUE ELE FAZ ISSO

Para aproveitar do reflexo da aura de segurança incorporada por quem intimida.

Porque mostrar respeito e apoio a quem intimida o faz sentir mais forte.

Por diversão "alternativa", sem levar em conta a própria brutalidade.

O QUE FAZER?

✓ Procurem compreender as dinâmicas do grupo sem focar somente o intimidador.

✓ Destaquem que quem está presente e incita a violência, seja de modo ativo (coro, aplausos) ou passivo (observar sorrindo), também participa da violência e é responsável por ela.

O QUE EVITAR?

✗ NÃO organizem intervenções de caráter individual somente para os participantes ativos.

✗ NÃO "desafiem" o intimidador aos olhos dos seus apoiadores: isso reforçaria o apreço por ele.

✗ NÃO se refiram ao intimidador e, automaticamente, aos seus apoiadores: prefiram esclarecimentos individuais para não gerar a ideia de que se aliar ao intimidador significa ganhar visibilidade.

O que ter em mente

O sistema da turma é o espaço no qual é possível analisar a natureza das relações entre os indivíduos e a influência que estes exercem sobre seus iguais e vice-versa, no qual se constroem afetos e se dividem experiências que têm um forte componente emocional. As relações se desenvolvem segundo regras claras entre os componentes, que se influenciam reciprocamente com base no *feedback*, e isso por sua vez afeta o sistema. As comunicações e as interações levam à estabilidade do sistema ou a uma fase de mudança.

Focar a atenção somente no intimidador é ineficaz porque é preciso considerar que o intimidador representa um sinal de alerta: o grupo não está funcionando e está usando a sua posição particular e suas características específicas para fortalecer-se e aliviar a tensão interna.

> A verdadeira patologia do grupo pode estar escondida por modalidades relacionais próprias de seus componentes, que continuam a perseguir estratégias estereotipadas e sustentam a disfunção entre si, perpetuando aquele determinado sistema grupal; em consequência, deduz-se que não é possível mudar o comportamento sintomático de um indivíduo caso o sistema não mude. A resistência à mudança deriva das relações inesperadas entre os vários membros (Benedetti, 2003).

O poder do intimidador é notavelmente fortalecido pelo apoio dos ajudantes, pelo alinhamento entre os apoiadores e pela indiferença daqueles que se mantêm à margem do problema e não fazem nada para parar as agressões.

O envolvimento nas ações de opressão pode ser devido aos seguintes mecanismos:

- o contágio social, isto é, o fato de que os jovens e adultos se comportam de maneira mais agressiva depois de ter observado o outro, como um "modelo", agir agressivamente. Isso ocorre, sobretudo, se esse outro é considerado como forte e corajoso;
- a difusão da responsabilidade, isto é, a autojustificativa segundo a qual uma intimidação coletiva não é mais uma escolha autônoma, e passa a ser percebida como uma responsabilidade compartilhada.

Deve-se ter em mente ainda o fato de que, se um comportamento intimidador é recompensado (pela vitória sobre a vítima), este poderia induzir um observador a superar as próprias inibições em relação à sua agressividade e implementá-la.

Deve ser considerado que, nos períodos de maior dificuldade, a classe se sente ameaçada ou lesada em sua identidade e sua coesão; nesses momentos, ela descarrega a tensão da constante avaliação designando um membro do grupo para atacar e contra quem se unir, para recuperar o senso de união que foi colocado em risco.

Outros fatores que determinam a obtenção de um papel dentro do grupo são o *status* social desempenhado (p. ex., um rapazinho com um *status* social baixo, mesmo que empatizando com a vítima, poderia hesitar em defendê-la para não ser tornar como ela), o vínculo de amizade (entrar no grupo do intimidador tende a trazer aceitação e identidade a quem tem comportamentos socialmente inadequados e tem dificuldade em fazer amigos) e um baixo senso de autoeficácia (ter empatia com a vítima, mas não a ajudar porque não se sente apto a fazê-lo).

Como intervir

- O comportamento agressivo está intimamente ligado à qualidade das relações que dão lugar ao estilo educativo absorvido pelo núcleo familiar. Encontrem nas conversas com a família as condições que possam, durante a infância ou o desenvolvimento, ter favorecido o aprendizado de um modelo reativo do tipo agressivo e procurem propor um modelo alternativo: demonstrem carinho e envolvimento em relação aos jovens, deixem claro os limites quanto aos comportamentos agressivos e proponham modalidades alternativas para expressar os próprios estados internos.
- Quando analisarem uma dinâmica de grupo, coloquem em evidência o fato de que uma ação transgressora implementada por um grupo, em vez de sozinho, é mais atrativa porque alivia o senso de culpa individual. Façam os jovens refletirem e se confrontarem sobre as justificativas ligadas à difusão ou ao deslocamento da responsabilidade. Desconstruam o esquema sedutor de irresponsabilidade coletiva para que a agressividade não se torne um modelo a ser imitado.
- Aumentem a conscientização sobre a natureza brutal de algumas ações, revelando o que está escondido inconscientemente, e deixem que eles se surpreendam com o fato de que estão prejudicando alguém de maneira grave.

Não é uma brincadeira para a vítima, que pode ser condicionada a longo prazo, tampouco para quem intimida, porque se arrisca a cair em ações puníveis legalmente. Para fazer isso, podem utilizar depoimentos (de forma de um editorial ou de entrevistas em vídeos) para comentar com os jovens. Outro momento significativo poderia ser aquele de convidar um representante da Força Policial para incentivar a reflexão sobre o respeito às pessoas e às coisas, sobre consequências do próprio comportamento e sobre a responsabilidade de contribuir para um ambiente acolhedor e sereno para todos.

- Eduquem para uma visão crítica dos conteúdos violentos que hoje são cotidianos aos jovens – basta ligar a televisão para assistir a ondas de violência incessantes, seja no noticiário, seja no entretenimento. Ser continuamente exposto à violência a normaliza, com o risco de se legitimarem os comportamentos prejudiciais em relação aos outros. Proponham momentos de discussão sobre casos de notícias chocantes, assim como sobre conteúdos multimídia com pano de fundo violento, sobre títulos de jornais agressivos e discriminatórios. Uma boa ideia seria difundir a cultura do respeito e da não violência, escolhendo um grupo temático para aprofundar de maneira multidisciplinar (por exemplo, a imagem feminina na publicidade, a linguagem violenta *versus* a respeitosa, deficiência e esporte, estereótipos e identidade de gênero). A escolha é feita entre questões que possam evocar alguns conceitos estritamente ligados à compreensão do fenômeno do *bullying* (poder, opressão, violência e preconceito).

Não esqueçam que...

Trabalhar somente com os jovens que são identificáveis como "problemáticos" pode levar ao surgimento de possíveis efeitos negativos, porque eles são particularmente vulneráveis à agregação em grupos de alto risco, mesmo quando esses grupos são criados para finalidades educacionais e de recuperação. Em outras palavras, ao estarem juntos, esses jovens reforçam valores e comportamentos inadequados.

CAPÍTULO 9

QUEM É

um espectador silencioso

POR QUE ELE FAZ ISSO

Porque é indiferente e pouco empático.

Porque teme retaliações por parte de quem intimida e tem medo de ser considerado um delator.

Porque não se sente envolvido e pensa que alguém mais próximo à vítima deveria intervir.

Porque pensa que, se a vítima não reage, quer dizer que aquilo não é um problema para ela.

O QUE FAZER?

- ✓ Organizem conversas individuais com os alunos para que surjam os sentimentos e emoções de cada um.
- ✓ Sensibilizem os alunos sobre o fenômeno.
- ✓ Potencializem as habilidades sociais e incentivem o trabalho cooperativo.
- ✓ Compartilhem e comentem com a classe o disposto no Regimento Escolar.

O QUE EVITAR?

- ✗ NÃO trabalhem com o "grupinho" de alunos (autores e vítimas) sem envolver a classe toda.
- ✗ NÃO esqueçam de proteger quem falou (avaliando também a oportunidade de manter o anonimato).
- ✗ NÃO façam intervenções improvisadas.

O que ter em mente

De acordo com o 17º Anuário Brasileiro de Segurança Pública (2023), na média nacional, 37,6% dos diretores de escolas brasileiras relataram casos de *bullying* em suas instituições de ensino. Para enfrentar esse cenário, 70,2% das escolas de Ensino Fundamental e Médio no Brasil já desenvolveram projetos de prevenção e combate ao *bullying*. Além disso, 55,7% das escolas possuem iniciativas voltadas para a temática da violência.

No Brasil, as reações de estudantes diante de situações de *bullying* variam conforme fatores individuais, sociais e culturais. Muitos alunos que testemunham casos de intimidação tendem a

não intervir diretamente, seja por medo de retaliação, insegurança ou falta de conhecimento sobre como agir.

Na maior parte dos casos, por trás da não intervenção há o medo de tomar o lugar da vítima no caso de defesa dos mais fracos, bem como o temor de ser discriminado pelo grupo de referência: quem interviesse em defesa da vítima sofreria, assim, uma dupla punição. Foi definido um "efeito-espectador": as pessoas são menos propensas a intervir para ajudar alguém em dificuldade quanto maior for o número de indivíduos presentes. O pertencimento a um grupo social fornece aos membros do grupo um senso de identidade que não somente o descreve, mas também "prescreve" comportamentos apropriados. No entanto, focar a sensibilização da maioria, para que se rompa a indiferença, pode levar a um senso de solidariedade contagioso que, propagando-se dentro do grupo, interrompe a ação intimidadora.

Como intervir

- É importante saber ler a orientação geral da turma. Perguntem: o grupo é unido, dividido em outros subgrupos ou se configura com líderes (positivos/negativos) que uma maioria segue? O grupo é predominantemente cooperativo/conflituoso? O sistema da classe é aberto ou fechado em relação às solicitações que recebe?

- Sugiram aos espectadores estratégias de intervenção voltadas a ajudar o mais fraco e, ao mesmo tempo, protejam-nos da retaliação. Promovam comportamentos do tipo adverso (evitar fornecer apoio e cumplicidade às ações inadequadas) que extinguem o reforço, como a desaprovação. Os jovens podem incitar o intimidador a parar sua ação com frases como: "Não é divertido", "O que você faz não é legal", "E se fizessem com você?" Eles devem ser orientados a manter a calma e a concentração, sem fazer intervenções que agravem a situação, evitando que eles assumam o papel de intimidador insultando e provocando. É importante proteger a vítima colocando-a numa posição segura e não a deixar sozinha. Muitas vezes o intimidador ataca os outros quando estão sozinhos; então, os colegas podem lembrar a vítima de que ela é forte, oferecer-se a acompanhá-la no trajeto casa-escola ou nas idas ao banheiro, ou ainda podem passar o tempo juntos. Ajudar o companheiro significa não impor a ajuda (que debilita a vítima), mas avaliar juntos a necessidade de acompanhá-la a recorrer a um adulto (professor/diretor) ou a um colega para pedir ajuda, dado que a "união faz a força" (a vítima se sentirá mais protegida e o intimidador menos valorizado).

Usando a experiência de tutoria entre colegas, seria possível promover a ideia de criar um comitê de segurança dentro da classe, com um verdadeiro exemplo para o viver em comunidade (criando, por exemplo, um código de conduta com regras democraticamente compartilhadas).

É possível ainda atribuir (e revezar) o papel de "inspetor amigo", ou seja, um companheiro que se encarrega de acolher os jovens recém-chegados à escola, assumir um papel ativo nos momentos de intervalo da atividade didática e tentar envolver os companheiros isolados ou rejeitados pela classe. Para fazer isso, é oportuno proporcionar um treinamento com o psicólogo e os professores, durante o qual os jovens designados possam adquirir habilidades de escuta, de parafrasear e de refletir sobre aquilo que o sujeito disse, de expressar empatia e de desenvolver um vocabulário centrado nos termos e estados emocionais da pessoa. A escolha dos inspetores deve ser feita de modo balanceado, considerando as qualidades relacionadas ao papel reconhecido pelos colegas, a autocandidatura dos próprios jovens e a avaliação dos professores da classe. De modo geral, é aconselhado selecionar três ou quatro jovens de cada classe para o papel de "inspetor amigo".

A ideia da mediação entre os pares, no entanto, prevê a constituição de duplas de colegas mediadores em caso de conflito. É transmitido aos jovens que a solução de um conflito pode ser negativa e destrutiva, mas também positiva, isto é, pode ser uma oportunidade de conhecer melhor a si mesmo e aos outros. Em particular, o resultado positivo é consequência da capacidade de modificar o conflito de modo a permitir a evolução e a transformação das razões entre as partes, consentindo uma maior aproximação e respeito mútuo. A mediação se propõe a chegar a um acordo satisfatório para ambas as partes por meio do recurso voluntário e de um terceiro imparcial.

Não esqueçam que...

Para os pré-adolescentes, e ainda mais no período da adolescência, o grupo desempenha um papel essencial, tornando-se o recipiente psíquico coletivo no qual se constrói progressivamente a própria identidade: para fazê-lo, o reconhecimento por parte dos outros é imprescindível. O grupo "inicia" os seus membros nos papéis e responsabilidades da vida adulta, tornando-se o espelho no qual se pode refletir: a imagem que se projeta sobre si mesmo desempenha um papel determinante no estabelecimento de quem somos e quem podemos nos tornar.

CAPÍTULO 10

QUEM DEFENDE

a vítima

POR QUE ELE FAZ ISSO

Porque tem intenções altruístas e colaborativas.

Porque tem um grau suficiente de autoestima para não se sentir perturbado pelas opiniões dos outros.

Porque entende as regras sociais e age de forma autônoma e responsável, seguindo sua própria moral, que lhe permite distinguir o justo do injusto.

O QUE FAZER?

- ✓ Atribuam a estes alunos um papel funcional no grupo.
- ✓ Promovam entre os colegas estratégias de enfrentamento baseadas na modelagem dos próprios comportamentos.
- ✓ Construam contextos de relação para estimular o contágio emocional nos termos pró-sociais.

O QUE EVITAR?

- ✗ NÃO esqueçam de atenuar a carga emocional derivada do papel daqueles que são "o exemplo", através de momentos de escuta.
- ✗ NÃO minimizem o evento como "brincadeira" quando não parecer necessária a intervenção do adulto.
- ✗ NÃO se voltem para a outra parte com a desculpa de que "devem aprender a resolver": um contexto caracterizado pelas dificuldades relacionais aumenta a insegurança, o medo e a ansiedade social.

O que ter em mente

Podemos distinguir o grupo institucional (classe) daquele oculto (identitário). Uma classe é um "grupo com história", com objetivos (alcance de metas didáticas e socioafetivas) e um desenvolvimento contínuo, ao longo de um período de tempo bastante extenso, que a constituiu como uma unidade com regras próprias e singulares. O grupo oculto é aquele dos afetos, que se forma paralelamente com a classe oficial. No início do ano escolar, o grupo-classe é um recipiente de emoções "não ainda individualizadas", que podem tomar qualquer forma. Se expressas em termos negativos, podem se tornar um obstáculo para a didática e o processo de aprendizagem. Se são colocadas em termos positivos, se tornam um potencial recurso a ser utilizado.

A classe "oculta" pode governar as relações e determinar o humor da classe oficial e do ensino. A mente do grupo-classe determina a atribuição dos papéis (vítima, intimidador, contestador, ajudante, líder, bobo etc.), da qual o grupo tem necessidade para organizar a própria sobrevivência e funcionamento. Fora do grupo-classe, um jovem pode ser e se comportar de maneira diferente dos demais. O grupo funciona ainda como um ímã: atrai as angústias individuais e as restitui no coletivo, sempre de modo violento e sem mediação do pensamento, por causa da incapacidade de gerenciar e compreender essas emoções. Quando membros se tornam parte do grupo, compartilham ideais, regras e valores, assim como são influenciados pelas normas e pela pressão do coletivo, apesar de suas atitudes e convicções pessoais. Além disso, durante a adolescência, ter um

status popular e ser considerado influente e potente no grupo de colegas vira uma prioridade, o que aumenta a probabilidade do comportamento agressivo. Fazer parte de um grupo leva seus integrantes a maximizarem suas semelhanças (*ingroup*) e a assumirem um viés pelo qual quem não pertence ao grupo (*outgroup*) é considerado diferente em termos depreciativos. Em específico, no contexto de *bullying*, a lógica se torna o "nós contra ele/ela". Ir contra a lógica do grupo é muito difícil para um jovem porque significa colocar em discussão a própria identidade social e, então, os valores fundamentais que sustentam a existência do grupo.

Quem defende a vítima o faz se juntando abertamente do lado dela contra o intimidador, consolando-a e não a deixando sozinha depois das agressões, pedindo ajuda de um adulto e refletindo sobre a maneira mais adequada para fazer cessarem as intimidações. Esses estudantes são cerca de 20% dos alunos em idade escolar e em geral são meninas. Elas costumam ser caracterizadas por um bom ajustamento psicológico e são dotadas de boa compreensão das situações e das dinâmicas sociais. São aptas a entender e compartilhar empaticamente as emoções do outro. Mostram-se, portanto, seguras de si na aplicação das condutas pró-sociais e dos efeitos que podem alcançar.

Um aspecto que não deve ser negligenciado é o fato de que essas alunas são integradas na classe e bem-aceitas pelos colegas. Isso faz com que alguns dos outros alunos, moralmente mais sensíveis e com boas capacidades pró-sociais, sejam estimulados a reproduzir o comportamento das colegas e intervir em defesa dos mais fracos. O termo *peer pressure* identifica a influência positiva que favorece o senso de pertencimento à escola e o senso de comunidade através de relações recíprocas de apoio e ajuda, determinantes na criação do bem-estar. Se a vítima se sente bem protegida pelo grupo, tem a coragem de se opor a quem intimida.

Alguns estudos têm comparado os observadores passivos de um episódio de *bullying* e os defensores da vítima: ambos apresentam uma baixa propensão ao uso de comportamentos agressivos e baixos níveis de vitimização por parte dos colegas. Além disso, ambos apresentam desempenhos semelhantes em tarefas de processamento de informações sociais e regulação emocional; também demonstraram bom aproveitamento em trabalhos de teoria da mente e uma baixa tendência a ativar mecanismos de desengajamento moral. Também foi evidenciado como níveis elevados de empatia (relacionados com comportamento pró-social) não representam uma condição suficiente para explicar a adoção de comportamentos de ajuda em relação às vítimas. Enquanto isso, a autoeficácia social seria associada positivamente às condutas de defesa e negativamente à passividade. É ainda evidente que os alunos defensores experimentam a ação de intervenção como responsabilidade pessoal, sendo conscientes do fato de que cada um determina aquilo que acontece na aula.

Como intervir

- Substituam a "banalidade do mal" pela "banalidade do bem": a linha entre o bem e o mal é permeável, e foi demonstrado que pessoas comuns (boas) podem praticar atos cruéis e sádicos sob pressão do contexto ambiental e do grupo social ao qual pertencem. Estimulem "o heroísmo" (intervenção voluntária de ajuda ao outro, com consciência dos riscos, sem expectativa de recompensas), em particular visando os alunos com características de um "bom samaritano" (primeiros a dar um passo para ajudar os outros), "superadores" (superam as adversidades apesar das condições iniciais e são exemplo moral para os outros) e "denunciadores" (aqueles que apontam disfuncionalidades e injustiças sem esperar recompensa). Cultivar a imaginação heroica implica estimular os jovens a se imaginarem enfrentando situações de risco, em nível físico e social, que exigem uma resposta corajosa, antecipando o curso das ações, os riscos e possíveis consequências.

- Criem grupos de observação e de vigilância contra o *bullying* na classe. Quando um intimidador ataca alguém na aula, a atmosfera se torna pesada: todos os colegas, de forma direta ou indireta, sofrem as consequências; ver um grupo colocar continuamente na mira alguns colegas específicos cria inquietude e tensão. Começam a ter menos vontade de ir à escola, a invejar as turmas mais unidas e com um melhor espírito de grupo, assim como a temer as ocasiões de socialização entre os cole-

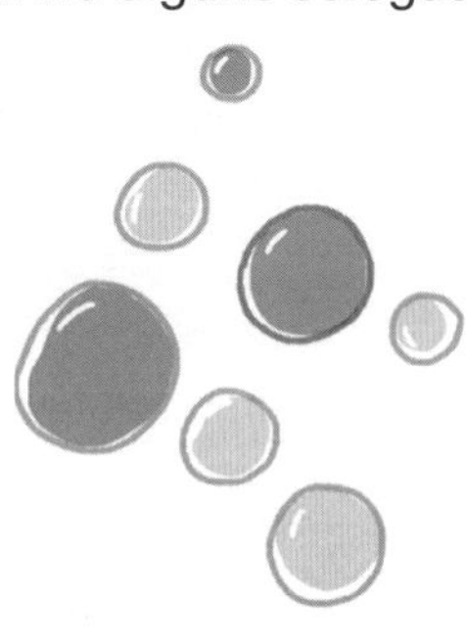

gas (intervalo de almoço, passeios escolares, viagem de ônibus).

- Façam com que o grupo da classe não seja apenas um grupo para trabalhos, mas também um coletivo, do ponto de vista emocional, segundo princípios que se baseiam na ajuda mútua: com base na experiência comum, os membros se apoiam mutuamente, implementam suporte recíproco, fazem uma reestruturação cognitiva da situação de conflito, dão conselhos uns para os outros, dividem estratégias de enfrentamento e, através da socialização, adquirem maior autoeficácia.
- Aprimorem a capacidade de tomar decisões no contexto social (aumentando, portanto, o autocontrole e a metacognição) por meio de atividades de resolução de problemas: façam os jovens trabalharem em grupos para encontrar as respostas mais adequadas a situações sociais estressantes, os passos a percorrer para lidar com trabalhos socialmente relevantes, a assertividade e a capacidade comunicativa (ou seja, a habilidade de se colocar em problemas atinentes à vida de modo geral), a causalidade social (o reconhecimento da responsabilidade coletiva, bem como pessoal) e habilidades protetivas (ou seja, de interromper formas de interação que sejam destrutivas e humilhantes, enfrentando as insistências e as críticas manipulativas ou agressivas, por meio da utilização de técnicas destinadas a salvaguardar a própria dignidade, atingindo um acordo satisfatório para ambas as partes envolvidas).

- Favoreçam a discussão do grupo sobre uma série de dilemas, com o objetivo de favorecer o desenvolvimento moral dos jovens, incentivando-os a tomar consciência (seja dos limites dos próprios argumentos, seja da existência de modelos alternativos de pensamento) nas várias situações morais, para que sejam capazes de pensar soluções comportamentais diferentes.

Não esqueçam que...

Conhecer as dinâmicas da turma e os laços afetivos que circulam nela pode possibilitar aos professores utilizar o grupo-classe como recurso; é necessário portanto individualizar os fatores de risco presentes, com a finalidade de potencializar os fatores de proteção. O grupo-classe pode se tornar então um recurso, seja educativo ou didático, com o propósito de favorecer e facilitar os processos de aprendizagem e promover aquelas competências necessárias para um crescimento saudável.

O contexto

CAPÍTULO 11

PROFESSORES

que "não veem o problema"

POR QUE ELE FAZ ISSO

Porque pedem informações diretamente aos interessados, sem considerar que todos têm uma boa razão para se calar ou mentir.

Porque acreditam que esses episódios não ocorrem em sala.

Porque não conhecem ou subestimam o fato de que o acúmulo temporal dos fatores de risco aumenta a probabilidade de comportamentos agressivos e de vitimização.

Porque tendem a trabalhar em relação à reação, em vez de atuar de forma preventiva, estruturada e organizada.

O QUE FAZER?

✓ Cuidem da educação para as competências de vida (*soft skills*).

✓ Promovam ambientes e relações que favoreçam o bem-estar.

✓ Definam visões e missões que orientem para a intervenção contra o *bullying*.

O QUE EVITAR?

✗ NÃO tenham atitudes agressivas na escola enquanto buscam educar para o respeito.

✗ NÃO respondam simplesmente com ações individuais, mas deem resposta como sistema (ações institucionais e interinstitucionais).

✗ NÃO definam regras e procedimentos contra o ***bullying*** sem compartilhá-los.

O que ter em mente

É verdade que os professores não "veem" os atos de *bullying*? Apesar de o professor estar sempre sozinho na aula (com exceção de todos os casos nos quais podem contar com o apoio de colegas ou de educadores assistentes por algumas horas), é estritamente raro que não punam os comportamentos inadequados que veem com os próprios olhos. Talvez a intervenção não seja firme, oportuna e coerentemente organizada, mas ela existe.

Nas situações nas quais o problema parece "não ser visto", entra em cena uma série de complexidades. O docente encontra uma primeira dificuldade em reconhecer as ações em questão. Todos os atores envolvidos têm interesse em mentir: aqueles que intimidam, assim como seus cúmplices, não querem ser descobertos. A vítima tem medo de retaliação e de decepcionar e ferir quem a quer bem, e por isso se cala. Os espectadores tendem a permanecer silenciosos ou se tornam cúmplices inconscientes (por exemplo, quando se cria um perfil falso para ofender em rede): é preferível fortalecer as competências de observação do que se basear somente em relatos dos indivíduos envolvidos diretamente.

A segunda questão está em distinguir se o ato agressivo se configura como *bullying* ou não. Não configuram *bullying*, por exemplo, as lutas entre colegas (a relação é de equivalência de força nos quais sujeitos envolvidos alternam entre papéis de intimidador e intimidado)... Mas quando essas brincadeiras se tornam problemáticas? Mesmo quando são repetidas, não necessariamente configuram *bullying*.

O limite entre intimidação e brincadeira não é muito nítido, sendo fundamental ter como critérios de referência:

- o desconforto da vítima, considerando que os jovens avaliam como humilhantes e intimidadores comportamentos que nem sempre os adultos percebem como graves;
- a durabilidade dos episódios;
- a presença de assimetria (não há equilíbrio de poder).

Outra categoria de comportamentos que não se configuram como *bullying* são agressões físicas violentas, utilização de armas ou objetos perigosos, ameaças graves, moléstias ou abusos sexuais, ou seja, atos antissociais pelos quais a escola deve agir em conjunto com autoridades judiciárias, de serviço social e serviços de saúde. É fundamental saber distinguir a natureza dos atos, pois não se deve negligenciar a obrigação de denúncia, à autoridade judiciária ou a uma outra autoridade a que seja obrigatório se referir, de cada crime passível de ação pública do qual tenham tido conhecimento (mesmo quando não seja identificada a pessoa à qual atribuir o crime), no exercício ou na causa das próprias funções ou serviço. Nos primeiros estudos de Olweus (1993), indicava-se como os episódios de *bullying* se verificam sobretudo nos lugares do ambiente escolar menos supervisionados (vestiário, refeitório, pátio), enquanto nos últimos anos é evidente que aumentaram as formas mais sutis e psicológicas (por exemplo, o progressivo isolamento social da vítima ou a manipulação das relações de amizade das quais desfruta), que podem ser também implementadas na turma, ou seja, no ambiente escolar mais supervisionado. Perceber o risco de *bullying* e de vitimização entre os próprios alunos também significa para o docente saber perceber a interação entre os fatores de risco que o cercam, bem como os fatores ambientais e de proteção que vão ser preventivamente reforçados com fins de reduzir a incidência do fenômeno.

Como intervir

A intervenção contra o *bullying* deve trabalhar para a redução dos atos agressivos e para a modificação da identidade e dos papéis de todos os sujeitos envolvidos, através de um programa de ações compartilhadas e sinérgicas entre os diversos contextos educativos.

Tendo em conta que recai sobre o docente e sobre a escola a obrigação de vigilância e custódia dos alunos, o professor não deve ser deixado sozinho para combater o fenômeno, sendo necessário mobilizar os regulamentos compartilhados com a comunidade escolar e outras agências educativas. Tenham em mente que as condutas agressivas (autocontrole reduzido, agressividade física ou verbal contra o adulto, apatia emocional durante e depois do feito, aparecimento de intimidação em outros ambientes de vida) podem evoluir para condutas estáveis (aumento da persuasão e da frequência dos atos agressivos, esboço de planejamento da conduta intimidadora) e, sucessivamente, cristalizar-se como características identitárias (condutas agressivas detalhadamente planejadas, ausência de reação emocional frente aos próprios comportamentos, aproximação a condutas desonestas de outras formas – como furto ou utilização de substâncias). Em que nível está a situação diante da qual vocês são chamados a agir? Quanto mais precoce a intervenção, menos cristalizadas tornam-se as identidades dos indivíduos.

Quando o ato acontecer, façam um relatório sobre o ocorrido para ser enviado à direção escolar e o registrem no livro de classe. É importante não perder tempo, porque se arrisca a distorcer o acontecido – e os detalhes fazem a diferença. A ação instantânea é de fundamental importância não só para punir, mas também para tutelar a vítima. De acordo com a gravidade da conduta, será a instituição escolar que irá avaliar as medidas sancionatórias adotadas contra o estudante, privilegiando o recurso a sanções disciplinares de tipo reparador, conversíveis em atividades para a comunidade escolar. É importante recordar que as sanções dadas pela escola não substituem nem são substituíveis por eventuais sanções penais (se a conduta violenta se configura como crime) nem civis, por danos injustamente causados a coisas e a pessoas, pelos quais respondem as famílias dos menores envolvidos.

Como docentes, vocês podem participar da política educativa contra o *bullying* e o *cyberbullying* dentro da escola em três níveis:

1. intervenção deliberada pelo corpo docente e aprovada pelo Conselho Escolar (nível macro);
2. intervenção elaborada pelo time que se ocupa em identificar pontos fortes, áreas de melhoria e objetivos a serem perseguidos para combater o *bullying*, através do instrumento do Relatório de Autoavaliação pelo controle de qualidade do serviço da escola;
3. intervenção realizada pelos docentes com a turma (nível micro).

Em nível micro, vocês podem colocar em ação intervenções proativas que se proponham a criar um ambiente social seguro e cada vez mais capaz de se autoproteger:

- educar para o respeito e a conscientização da singularidade de cada um;
- promover *soft skills*;
- apoiar a comunicação assertiva;
- promover contextos de cooperação para construir alianças entre adultos e entre alunos e adultos;
- promover empoderamento dos indivíduos;
- compartilhar valores, regras e processos;
- tornar os ambientes de aprendizado significativos.

As intervenções reativas, como as mencionadas a seguir, são um conjunto de ações que podem ser colocadas em prática após um episódio de *bullying* e que visam proteger a vítima, favorecendo a sua reintegração dentro do grupo, bem como evitar a repetição das intimidações e o endurecimento dos papéis.

- Criem um "cordão de proteção" em torno da vítima, feito pelos companheiros com boas habilidades sociais, e não a deixem sozinha nos momentos não estruturados.
- Ampliem a conscientização sobre as vivências do grupo através de *role playing*.
- Formem um grupo restrito de alunos mediadores dos conflitos.
- Utilizem a programação didática para incluir atividades de grupo orientadas a promover as competências de cidadania ativa (escuta recíproca, confronto, respeito pelas regras e colaboração), mediante formas de expressão artística (música, dança, pintura, escrita de contos), esportiva e tecnológica (realização de projetos multimídia) e através da meditação.

- Introduzam metodologias que favoreçam o compartilhamento de responsabilidade coletiva em relação ao acontecido (abordagem sem culpados) e o estímulo a propostas de soluções ao problema (método de interesse compartilhado), que pressupõem a suspensão da sanção para o intimidador e seus ajudantes.

Não esqueçam que...

O Projeto Político-Pedagógico (PPP) e o Regimento Escolar das instituições brasileiras, conforme a Lei nº 14.811/2024, devem incluir medidas específicas para a prevenção e o combate ao *bullying* e ao *cyberbullying*. Esses documentos abordam ações preventivas, medidas disciplinares, sanções aplicáveis e os procedimentos a serem seguidos, alinhados às normas do Estatuto da Criança e do Adolescente (ECA).

Esses elementos refletem a missão e os valores fundamentais da escola, que buscam promover o bem-estar da comunidade escolar, conscientizar sobre os problemas ligados ao *bullying* e ao *cyberbullying* e orientar práticas que incentivem a convivência respeitosa e inclusiva.

APROFUNDAMENTO

Como intervir no ***bullying*** e no ***cyberbullying*** na turma

INTERVENÇÃO PROATIVAS: têm como finalidade construir um contexto pró-social seguro, transmitindo aos alunos habilidades comunicativas, emotivas e sociais, e promovendo relações positivas e cooperativas na turma.	**INTERVENÇÕES REATIVAS:** são realizadas quando há presença de *bullying*, com a finalidade de criar condições de segurança para a vítima, interromper as ações intimidadoras e intervir nos papéis e em suas relações na turma.
▪ CÍRCULO DE TEMPO: Nesta intervenção, 30-45min dedicados a compartilhar os princípios fundamentais do cotidiano na turma (ajuda recíproca, respeito pelas regras, não tolerância da violência).	▪ *ROLE PLAYING*: O objetivo não é discutir o episódio em detalhes, mas compreender o estado emocional e os esquemas de pensamentos da vítima, do intimidador e dos espectadores, estimulando propostas de solução e pedindo a tomada de responsabilidade.

▪ COOPERATIVAS DE APRENDIZADO: Esta é uma modalidade que serve para habituar os jovens a estarem juntos, seja nos momentos de aprendizagem, seja nos contextos lúdicos. ▪ CÍRCULOS DE MELHORIAS: Consistem em uma reunião semanal dos jovens, divididos em grupos de 8-10 pessoas, com duração de 30-45min. A finalidade é identificar um objetivo de melhoramento do bem-estar escolar, reconhecer facilitadores e obstáculos para alcançá-lo, e formular e discutir um plano de melhoria. ▪ SENSIBILIZAÇÃO ESPECÍFICA QUANTO AOS TEMAS DE *BULLYING* E *CYBERBULLYING*: Esta intervenção pode acontecer através de leitura de livros/artigos de jornal, vídeo, teatro, música, dança, canto, esporte, tecnologias, técnicas de relaxamento.	▪ MEDIAÇÃO ENTRE OS COLEGAS: Forma-se um grupo de alunos, com um percurso de 15h intensivas e mediante supervisão de 1h semanal ou quinzenal, sobre habilidades fundamentais de mediação e sobre observação e reconhecimento dos conflitos. Quando o conflito se verifica, o mediador pergunta aos companheiros se querem encontrar juntos uma solução, convidando-os para um lugar tranquilo e esclarecendo as regras da mediação – e, se violadas, isso implicará a intervenção sancionadora de um adulto. Cada um será convidado a recontar a própria versão e a procurar uma solução que possa ser positiva para ambos. O mediador definirá um momento de reencontro para conversar e avaliar se a solução foi implementada com sucesso.

	▪ ABORDAGEM SEM CULPADOS: A vítima escreve um relato da própria vivência a respeito do acontecido. Depois de se avisar que ninguém será punido, pede-se para ouvir atentamente o relato, que será lido por um colega, escolhido com base em seu papel no grupo e sua capacidade comunicativa e pró-social, e então se reflete a respeito do fato de a responsabilidade ser de todos. Também se identificam soluções por meio de *brainstorming*, e determina-se um momento para verificar os progressos alcançados. ▪ INTERESSE COMPARTILHADO: Esclarece-se que ninguém será punido e organiza-se um momento de conversa individual com os intimidadores, para compreender as suas perspectivas e ajudar-lhes a compreender os danos emocionais causados na vítima. Inverte-se a perspectiva, pedindo a eles soluções para aquela situação. São planejadas reuniões periódicas individuais tanto com os agressores quanto com a vítima para acompanhar os progressos. O processo é concluído com um encontro final conjunto para reforçar os comportamentos pró-sociais e reintegrar a vítima.

CAPÍTULO 12

OS PAIS

que "dão no pé"

POR QUE ELE FAZ ISSO

Porque aceitam, promovem e agem com as mesmas atitudes agressivas.

Porque adotam estilos educativos incoerentes, coercitivos e superprotetores.

Porque têm pouca capacidade de escuta e de diálogo com os filhos sobre aspectos emocionais.

Porque não têm os elementos para reconhecer, autonomamente, o sofrimento dos filhos.

O QUE FAZER?

✓ Proponham e planejem momentos formativos.

✓ Criem e compartilhem um guia com informações sobre agressividade e *bullying*, bem como a visão da escola sobre isso e as estratégias de prevenção e de combate compartilhadas.

✓ Proponham questionários de monitoramento e *feedback* sobre a política educativa interna contra o *bullying*.

✓ Utilizem o espaço de escuta psicológica para auxiliar os pais na compreensão e na reelaboração do que aconteceu aos filhos.

O QUE EVITAR?

✗ NÃO culpabilizem os pais.

✗ NÃO incentivem um raciocínio por estereótipos.

✗ NÃO reproduzam o estilo educativo deles e não proponham o mesmo modelo de relação com os filhos.

✗ NÃO tardem em informar-lhes o acontecido.

O que ter em mente

Os fatores de risco individuais muitas vezes se potencializam com os ambientais, relativos sobretudo aos contextos da vida cotidiana dos alunos. É importante compreender a potencialidade e os limites do ambiente de vida em que os jovens vivem, a fim de considerar também os fatores que poderiam predispor uma conduta inadequada ou o risco de vitimização.

Os fatores de risco ambientais são difíceis de identificar apenas pelo diálogo com a família, mas podem ser reconhecidos indiretamente através de questionários (que devem ser propostos não só para um casal de pais específico, mas para todos os pais da turma) e através da observação feita durante as conversas entre escola e família. O jovem que agride pode ter crescido em uma família que se baseia em valores que promovem a agressividade (por exemplo, quando os pais aconselham aos jovens reagir às afrontas sofridas pelos colegas por meio de condutas agressivas) ou mesmo pode ter sido educado (de maneira reiterada no tempo e pela forma como compartilhavam todo esse estilo) com uma abordagem bastante rígida a respeito da disciplina, e pouco exploradora e tolerante com as emoções em jogo nas relações.

Outro fator de risco é a repetida exposição a modelos de comportamentos agressivos por parte das figuras de referência, que se tornam "normais" e implicam uma desestabilização emocional tal, que o jovem se vê "habituado" à conduta violenta. A alta conflitualidade parental (também no caso dos pais separados), a excessiva diferença entre a modalidade de cuidado parental e a presença de psicopatologia dentro do núcleo (distúrbios antissociais, dependências, distúrbios de humor) incidem na eficácia das práticas educativas familiares. Por exemplo, a presença de dependência aumenta a conflitualidade do núcleo, não é protetora do equilíbrio psicofísico do jovem e torna difícil o monitoramento dele por parte dos pais.

Ainda, o estilo de cuidado incide na qualidade dos primeiros vínculos significativos que vão se configurar como padrões inconscientes, ou posteriormente, de forma fundamental, nas relações do indivíduo, bem como no delineamento dos sensos de identidade e segurança. Quando o cuidado é do tipo desorganizado, ou mesmo caracterizado por condutas contraditórias – protetivas por um lado e agressivas por outro –, predispõe o surgimento de condutas agressivas.

O elevado desalinhamento e a conflitualidade entre os pais e os adultos significativos de outras instituições educativas prejudica a eficácia da educação compartilhada e os sistemas de monitoramento de comportamento do jovem.

Os fatores ambientais de risco para a vitimização são constituídos por um estilo de vínculo inseguro, ou seja, caracterizado pela incapacidade do jovem de desenvolver segurança diante da disponibilidade não invasiva dos adultos que cuidam dele. Isso favorece a percepção de si como sujeito frágil, além de afetar o empoderamento e o senso de autoeficácia do jovem, levando-o a atitudes desistentes e de funcionamento dependente, que ocorre apenas diante da presença de uma figura que ofereça apoio. Igualmente, uma atitude superprotetora, que não incentiva uma autonomia progressiva nem garante espaço ao jovem que cresce, faz com que, nos momentos de dificuldade, ele não saiba pensar de maneira autônoma sobre aquilo que o atingiu, tendendo a ser passivo e ineficaz do ponto de vista relacional com os colegas.

Como intervir

- Procurem interceptar, durante os momentos de conversa com as famílias, indícios da presença de fatores ambientais de proteção. O mais importante é o pertencimento a uma rede social vasta e diversificada: perguntem quantos e quais contextos o jovem frequenta fora da escola e da família, e tentem descobrir a qualidade das relações que ele consegue estabelecer com os colegas e adultos de referência nos outros contextos. Peçam sempre um exemplo relacionado ao evento ou às características das relações que estão sendo descritas, de modo a poder contextualizar o que lhe foi informado. A rede social de pertencimento compensa os processos de vitimização, permitindo ao jovem desempenhar papéis diversos em outros grupos, e limita as condutas agressivas, dando a possibilidade de ele interagir com redes diferentes e socialmente mais adequadas.

- Identifiquem os responsáveis pelos atos, além de iniciar o inevitável ato sancionatório, e comecem imediatamente um percurso educativo para evitar que sentimentos de raiva ou vingança promovam ações agressivas fora da escola ou via redes sociais (onde sentem garantido o anonimato). De imediato envolvam a família, que não deve ser demonizada ou vista com distanciamento, mas sim envolvida de maneira profissional e solidária. Certamente vocês se encontrarão diante de uma família frágil que, sozinha, ou não tem instrumentos, ou ainda não tomou consciência sobre a necessidade de ajuda.

- Perguntem se a família pode ser ajudada e se a escola, com os seus recursos, pode agir de maneira significativa, ou se é necessário encaminhar para algum outro órgão comunitário (administração da prefeitura, serviço social, serviço sanitário, associação de voluntariado). Existem estruturas familiares que operam de modo disfuncional, e é necessário avaliar a capacidade delas de perceber, requerer e utilizar a ajuda fornecida a elas externamente.
- Evitem fazer suposições que possam ser traduzidas como hipóteses arbitrárias e rótulos difíceis de remover. Estes tendem a arruinar o relacionamento entre a escola e a família e acentuam a incoerência entre os diversos modelos educativos, gerando confusões nos jovens, que têm uma identidade em formação. Mesmo diante de um ocorrido grave, os pais devem ser informados sobre a situação, mas também tranquilizados em relação à possibilidade e à capacidade de tomar medidas para melhorar a situação. Não recorram imediatamente à medicalização, mas proponham intervenções pedagógicas de apoio aos pais juntamente com o suporte do psicólogo escolar. Eles

Tipologias de estruturas familiares disfuncionais	Características
Fortificada	Tem núcleo coeso e limites rígidos, e as solicitações externas são vividas com ansiedade deliberada.
Contenciosa	Há alta coesão entre os membros, mas esta é negada explicitamente se é notada. As relações de ajuda são vividas como ações de uns contra os outros.
Desorganizada	Há desorganização dos ritmos e necessidades. A ajuda externa é ativamente procurada, mas é vivida como persecutória. Quando a ajuda é percebida como insuficiente, experimenta-se um forte sentimento de abandono que pode trazer reivindicação.
Constrita	Há identidade familiar marcada, encobrimento dos aspectos patológicos e inibição dos conflitos. A ajuda não é requerida.
Deprimida	Existem limites variáveis entre os membros, baixo nível de conflito e inibição dos investimentos dos membros em relação a algo de exterior e vital. A ajuda é requerida, mas não é implementada a ponto de gerar mudança.

não nascem educadores, mas nascem pais, e é errando que se aprende. Portanto, às vezes é necessário suspender o julgamento e dar espaço de ação e tempo para avaliação dos resultados.

- Quais conselhos vocês podem dar aos pais do intimidador?
  - Sugiram o ampliamento da rede educativa na qual o jovem está inserido (familiares, atividades esportivas de equipe, escoteiros, ajudantes na paróquia, educadores de cooperativas sociais).

- Direcionem o foco dos pais para a melhoria da qualidade do relacionamento com o filho, incentivando intervenções de contenção emocional e de transferência de valores sociais positivos, como ajuda aos outros, explicitando os benefícios.
- É possível ainda aconselhar a envolver o jovem em atividades de voluntariado que o coloquem em contato com o sofrimento dos outros.
- Se as atitudes intimidadoras se verificam também em ambiente doméstico, é preciso ajudar os pais a identificar poucas regras sobre as quais não se deve transigir, que serão explicadas aos jovens, aos quais também se apresentarão as consequências ligadas à violação dessas mesmas regras. A família, nesses casos, será encaminhada para intervenções focadas, como a terapia familiar, com a finalidade de reestruturar as modalidades de interação entre os membros, e o jovem será encaminhado para a psicoterapia, com o objetivo de desenvolver a capacidade empática, corrigir as atribuições inadequadas derivadas dos conflitos sociais e ajudá-lo a compreender a perspectiva do outro.

- Os pais da vítima devem ser incentivados a comunicar os episódios dos quais tiverem conhecimento diretamente aos professores ou ao coordenador do segmento, visto que se dirigir diretamente aos pais das crianças envolvidas poderia criar atritos e piorar a situação.

- Sugiram o início de um percurso psicoterápico de apoio à autoestima, que se torna mais urgente se houver retraimento social ou sintomatologia ansiosa ou ligada a um distúrbio de estresse pós-traumático ou atos agressivos contra si mesmo.
- Mudar de turma pode ser uma solução se, depois de ações pensadas, compartilhadas e monitoradas, a situação não se alterar. No entanto, a mudança pode reforçar no jovem a convicção de ter algo errado com ele mesmo e que isso seria o motivo pelo qual deve mudar de turma.
- Seria importante incentivar os pais a compartilhar eventuais episódios no qual eles mesmos tenham sofrido e as estratégias que utilizaram para confrontar os comportamentos vexatórios. O jovem será ajudado a falar da experiência, respeitando-se seu tempo, em um contexto sem julgamentos e sem encontrar-se diante de adultos que já sabem todas as respostas.
- Deve-se tentar fazer emergirem quais atitudes do jovem o colocam em risco, desencadeando a ação do intimidador, e ensiná-lo a evitar colegas "perigosos", assim como reconhecer aqueles nos quais pode confiar.
- Os pais deveriam ajudar o jovem a construir uma ideia de si que inclua suas fraquezas, mas também as potencialidades que ele possa focar.
- É possível, além disso, sugerir modos mais seguros de comunicação, de evitar parecer intimidado, de identificar os lugares e contextos seguros e os de risco.

Não esqueçam que...

A observação e o reconhecimento de um fator de risco aumenta a possibilidade de surgimento de uma conduta (agressiva ou de vitimização), mas não a determina linearmente segundo uma lógica causa-efeito. É necessário levar em consideração a complexa interação entre os fatores de risco e de proteção no binômio indivíduo-ambiente.

Recordem que, como dizia Heráclito, o conflito é o "pai de todas as coisas": não é, portanto, uma dimensão patológica das relações humanas, mas sim uma realidade substancial, que deve ser orientada através da prática educativa, e a responsabilidade deve ser compartilhada entre as agências educativas.

Anotações

Anotações

Anotações

BIBLIOGRAFIA

Textos usados na edição brasileira

ASSOCIAÇÃO AMERICANA DE PSIQUIATRIA (APA). *Manual Diagnóstico e Estatístico de Transtornos Mentais (DSM-5)*. 5. ed. Artmed, 2014.

BRASIL. Conselho Nacional de Educação (CNE). *Resolução nº 1, 28 de maio de 2021*. Institui Diretrizes Operacionais para a Educação de Jovens e Adultos nos aspectos relativos ao seu alinhamento à Política Nacional de Alfabetização (PNA) e à Base Nacional Comum Curricular (BNCC), e Educação de Jovens e Adultos a Distância. CNE, 2021. Disponível em: http://portal.mec.gov.br/index.php?option=com_docman&view=download&alias=191091-r-ceb001-21&category_slug=junho-2021-pdf&Itemid=30192.

BRASIL. *Constituição da República Federativa do Brasil de 1988*. Presidência da República, 1988. Disponível em: https://www.planalto.gov.br/ccivil_03/constituicao/constituicao.htm.

BRASIL. *Decreto-Lei nº 2.848, de 7 de dezembro de 1940*. Código Penal Brasileiro. Presidência da República, 1940. Disponível em: https://www.planalto.gov.br/ccivil_03/decreto-lei/del2848.htm.

BRASIL. *Lei nº 10.406, de 10 de janeiro de 2002*. Institui o Código Civil. Presidência da República, 2002. Disponível em: https://www.planalto.gov.br/ccivil_03/leis/2002/l10406.htm

BRASIL. *Lei nº 12.735, de 30 de novembro de 2012*. Altera o Decreto-Lei nº 2.848, de 7 de dezembro de 1940 - Código Penal, o Decreto-Lei nº 1.001, de 21 de outubro de 1969 - Código Penal Militar, e a Lei nº 7.716, de 5 de janeiro de 1989, para tipificar condutas realizadas mediante uso de sistema eletrônico, digital ou similares, que sejam praticadas contra sistemas informatizados e similares; e dá outras providências. Presidência da República, 2012. Disponível em: https://www.planalto.gov.br/ccivil_03/_ato2011-2014/2012/lei/l12735.htm.

BRASIL. *Lei nº 12.965, de 23 de abril de 2014*. Estabelece princípios, garantias, direitos e deveres para o uso da Internet no Brasil. Presidência da República, 2014. Disponível em: https://www.planalto.gov.br/ccivil_03/_ato2011-2014/2014/lei/l12965.htm.

BRASIL. *Lei nº 13.185, de 6 de novembro de 2015*. Institui o Programa de Combate à Intimidação Sistemática (Bullying). Presidência da República, 2015. Disponível em: https://www.planalto.gov.br/ccivil_03/_ato2015-2018/2015/lei/l13185.htm.

BRASIL. *Lei nº 13.431, de 4 de abril de 2017*. Estabelece o sistema de garantia de direitos da criança e do adolescente vítima ou testemunha de violência e altera a Lei nº 8.069, de 13 de julho de 1990 (Estatuto da Criança e do Adolescente). Presidência da República, 2017. Disponível em: https://www.planalto.gov.br/ccivil_03/_ato2015-2018/2017/lei/l13431.htm.

BRASIL. *Lei nº 13.709, de 14 de agosto de 2018*. Lei Geral de Proteção de Dados Pessoais (LGPD). Presidência da República, 2018. Disponível em: https://www.planalto.gov.br/ccivil_03/_ato2015-2018/2018/lei/l13709.htm.

BRASIL. *Lei nº 14.811, de 12 de janeiro de 2024*. Institui medidas de proteção à criança e ao adolescente contra a violência nos estabelecimentos educacionais ou similares, prevê a Política Nacional de Prevenção e Combate ao Abuso e Exploração Sexual da Criança e do Adolescente e altera o Decreto-Lei nº 2.848, de 7 de dezembro de 1940 (Código Penal), e as Leis nºs 8.072, de 25 de julho de 1990 (Lei dos Crimes Hediondos), e 8.069, de 13 de julho de 1990 (Estatuto da Criança e do Adolescente). Presidência da República, 2024. Disponível em: https://www.planalto.gov.br/ccivil_03/_ato2023-2026/2024/lei/l14811.htm.

BRASIL. *Lei nº 8.069, de 13 de julho de 1990*. Dispõe sobre o Estatuto da Criança e do Adolescente e dá outras providências. Presidência da República, 1990. Disponível em: https://www.planalto.gov.br/ccivil_03/leis/l8069.htm.

BRASIL. Ministério da Justiça e Segurança Pública (MJSP). *Relatório anual de ações de combate a crimes cibernéticos*. MJSP, 2022. Disponível em: https://www.gov.br/mj.

FÓRUM BRASILEIRO DE SEGURANÇA PÚBLICA. *17º Anuário Brasileiro de Segurança Pública*. Fórum Brasileiro de Segurança Pública, 2023. Disponível em: https://forumseguranca.org.br/wp-content/uploads/2023/07/anuario-2023.pdf.

CARVALHO, K.; GRANDO, R.; BRITTO, J. *Os efeitos do tempo de tela em crianças e adolescentes*: um levantamento bibliográfico. Fundaçao Oswaldo Cruz (Fiocruz), 2021. Disponível em: https://observatorio.fiocruz.br/sites/default/files/observatorio_da_fiocruz_em_ctei_-_estudo_screentime.pdf.

FUNDO DAS NAÇÕES UNIDAS PARA A INFÂNCIA (UNICEF). *Ending the torment*: trackling bullying from the schoolyard to cyberspace. Unicef, 2016. Disponível em: https://www.unicef.org/documents/ending-torment-tackling-bullying-schoolyard-cyberspace.

INSTITUTO BRASILEIRO DE GEOGRAFIA E ESTATÍSTICA (IBGE). *Pesquisa Nacional de Saúde do Escolar (PeNSE) 2019*. IBGE, 2020. Disponível em: https://biblioteca.ibge.gov.br/visualizacao/livros/liv101852.pdf.

INSTITUTO BRASILEIRO DE GEOGRAFIA E ESTATÍSTICA (IBGE). *Pesquisa Nacional de Saúde do Escolar (PeNSE) 2009*. IBGE, 2009. Disponível em: https://bvsms.saude.gov.br/bvs/publicacoes/pense.pdf.

INSTITUTO NACIONAL DE ESTUDOS E PESQUISAS EDUCACIONAIS ANÍSIO TEIXEIRA (INEP). *Censo Escolar 2022*: resumo técnico. INEP, 2022. Disponível em: https://download.inep.gov.br/publicacoes/institucionais/estatisticas_e_indicadores/resumo_tecnico_censo_escolar_2022.pdf.

MALTA, D. et al. Cyberbullying entre escolares brasileiros: dados da Pesquisa Nacional de Saúde do Escolar, 2019. *Ciência & Saúde Coletiva*, 2024. Disponível em: https://www.scielo.br/j/csc/a/CyKG8gtX7p9Zq5FWGfJZjJq/?lang=pt.

OLWEUS, D. *Bullying at school*: what we know and what we can do. Blackwell Publishing, 1993.

ORGANIZAÇÃO DAS NAÇÕES UNIDAS PARA A EDUCAÇÃO, A CIÊNCIA E A CULTURA (UNESCO). *Relatório de monitoramento global da educação 2023*. Unesco, 2023.

ORGANIZAÇÃO MUNDIAL DA SAÚDE (OMS). *International Statistical Classification of Diseases and Related Health Problems (ICD-11)*. 11. ed. OMS, 2022.

SAFERNET BRASIL. *Relatório de violência digital contra crianças e adolescentes*. SaferNet Brasil, 2022. Disponível em: https://www.safernet.org.br.

UNIVERSIDADE DE SÃO PAULO (USP). *Estudos sobre o bullying*: perspectivas e desafios no contexto brasileiro. USP, 2010.

Material usado na edição italiana

BANDURA, A. *et al*. Sociocognitive self-regulatory mechanisms governing transgressive behavior. *Journal of Personality and Social Psychology*, v. 80, n. 1, p. 125-135, 2001.

BENEDETTI, B. *La relazione educativa nel gruppo*: verso una prospettiva sistemica. Liguori, 2003.

CAPRARA, G. V. *L'aggressività nella scuola*. Bulzoni, 1983.

CRICK, N. R.; DODGE, K. A. A review and reformulation of social information-processing mechanisms in children's social adjustment. *Psychological Bulletin*, v. 115, n. 1, p. 74-101, 1994.

ELAMÉ, E. *Bullismo discriminante e pedagogia interculturale*. FrancoAngeli, 2013.

FEDEL, D.; MUNARO, C. *Bullismo e cyberbullismo*: come intervenire nei contesti scolastici. Giunti EDU, 2019.

FONZI, A. (ed.). *Il bullismo in Italia: il fenomeno delle prepotenze a scuola dal Piemonte alla Sicilia*: ricerche e prospettive d'intervento. Giunti, 1997.

GINI, G.; POZZOLI, T. *Gli interventi anti-bullismo*. Carocci, 2011.

GORDON, T. *Enseignants efficaces*. Le Jour, 1981.

GORDON, T. *Insegnanti efficaci*: pratiche educative per insegnanti, genitori e studenti. Giunti, 1991.

HINDUJA, S.; PATCHIN, J. W. *Bullying beyond the schoolyard*: preventing and responding to cyberbullying. Corwin Press, 2009.

MENESINI, E. (ed.). *Il bullismo*: le azioni efficaci della scuola. Erickson, 2003.

MENESINI, E. *Bullismo: che fare?* Prevenzione e strategie di intervento nella scuola. Giunti, 2000.

OLWEUS, D. *Bullying at school*: what we know and what we can do. Blackwell Publishing, 1993.

PEPLER, D. J.; CRAIG, W. *Bullying*: research and interventions. Institute for the Study of Antisocial Youth, 1997.

PEPLER, D. J.; CRAIG, W. M. A peek behind the fence: Naturalistic observations of aggressive children with remote audiovisual recording. *Developmental Psychology*, v. 31, n. 4, p. 548-553, 1995.

RUSSELL, S. T. *et al*. Adolescent health and harassment based on discriminatory bias. *American Journal of Public Health*, v. 102, n. 3, p. 493-495, 2012.

Recursos úteis

ABRACE – PROGRAMAS PREVENTIVOS. *Programa Escola Sem Bullying*. 2012. Disponível em: https://escolasembullying.com.br/.

ALA MILANO ONLUS. *Diamo una lesione al bullismo*: guida pratica per insegnati delle scuole secundarie, 2021.

CAVALIERI, V. *Protocolo Eu Te Vejo*. Associação de Magistrados do Estado do Rio de Janeiro (AMAERJ), 2022. Disponível em: https://amaerj.org.br/wp-content/uploads/2024/09/Magistrados-Inscricao-2202.pdf.

Cittadini in Crescita 1/2007. Bullismo che fare? Rivista del Centro Nazionale di Documentazione e Analisi per l'Infanzia e l'Adolescenza, Firenze, Istituto degli Innocenti. Disponível em: https://www.museocinema.it/sites/default/files/servizi_educativi/bullismo_che_fare_rivista_cittadini_in_crescita.pdf.

FUNDAÇÃO ABRINQ. *Observatório da Criança e do Adolescente*. Disponível em: https://observatoriocrianca.org.br/.

GARANTE DELLA PRIVACY. *Social privacy*: come tutelarsi nell'era dei social network. Disponível em: https://www.garanteprivacy.it/home/docweb/-/docweb-display/docweb/3140082.

Move-up destinazioni alternative (Projeto da Região de Piemonte). 2015. Disponível em: http://www.bluebook.it/wp-content/uploads/2015/02/moveup_vademecum.pdf.

Non Bull-ARTI di me 2.0. Disponível em: https://nonbullartidime.wordpress.com/.

ORDINE PSICOLOGI DELLA LOMBARDIA. *Dossier su bullismo e cyberbullismo*: dalla compresione del fenômeno all'intervento. 2019.

Piattaforma ELISA. Um percurso de e-learning (www.piattaforma elisa.it) dedicado aos professores sobre o *bullying* e o *cyberbullying* e aos membros da Equipe Anti-*bullying* e para a Emergência.

Portal Bullying: centro de ajuda online. Disponível em: https://www.portalbullying.com.pt/.

SAFERNET BRASIL. *Hotline*. Disponível em: https://new.safernet.org.br/denuncie.

TELEFONO AZURRO, QUADERNI. *Il fenômeno del bullismo*: conoscerlo e pervenirlo.

Leitura recomendada para os jovens

BALTHAZAR, N. *Ben X*. Giunti, 2009.

BAUER, M. G. *Non chiamatemi Ismaele*. Mondadori, 2008.

BELOTTI, E. *Viola nella rete*. Einaudi Ragazzi, 2020.

BENEDETTI, T.; MOROSINOTTO, D. *Cyberbulli al tappeto*: manuale per l'uso dei social. Scienza, 2016.

CARTOON NETWORK; GOVERNO DO ESTADO DE SÃO PAULO. *"Chega de bullying: não fique calado"*: apostila 1 – estudantes do Ensino Fundamental I. Cartoon Network; Governo do Estado de São Paulo, 2011a. Disponível em: https://www.educacao.sp.gov.br/a2sitebox/arquivos/documentos/792.pdf.

CARTOON NETWORK; GOVERNO DO ESTADO DE SÃO PAULO. *"Chega de bullying: não fique calado"*: apostila 2 – estudantes do Ensino Fundamental II e Ensino Médio. Cartoon Network; Governo do Estado de São Paulo, 2011b. Disponível em: https://www.educacao.sp.gov.br/a2sitebox/arquivos/documentos/790.pdf.

CHAMBERS, A. *Ladre di regali*. Giunti, 2004.

CRUCIANI, A. *La guerra dei like*. Piemme, 2009.

ELLIOT, C. *I giorni della tartaruga*. Raffaello, 2009.

HAASEN, C. *Hoot*. Mondadori, 2005.

PALACIO, R. J. *Wonder*. Giunti, 2018.

PARR, T. *Tudo bem ser diferente*. Panda Books, 2019.

RODRIGUES, J. *No Reino de Pirapora*. Piraporiando, 2013.

RONDINELLI, S. *Camminare, correre, volare*. EL, 2008.

SAFERNET BRASIL; FUNDO DAS NAÇÕES UNIDAS PARA A INFÂNCIA (UNICEF). *Acabar com o Bullying #ÉDaMinhaConta*. SaferNet Brasil; Unicef, 2019. Disponível em: https://new.safernet.org.br/content/infografico-bullying.

SPINELLI, J. *Stargirl*. Mondadori, 2007.

THOR, A. *Obbligo o verità?* Feltrinelli, 2007.

TOGNETTA, L. R. P. *A história da menina e do medo da menina*. Adonis, 2015a.

TOGNETTA, L. R. P. *Problemas de medo*. Adonis, 2015b.

VARRIALE, P. *Ragazze cative*. Piemme, 2015.

WILSON, J. *Sepolto vivo!* Salani, 2007.

Filmografia

BULLYING virtual. Direção: Charles Biname. Ano: 2011. Duração: 122 minutos.

O CLUBE dos cinco. Direção: John Hughes. Ano: 1985. Duração: 97 min. Distribuição: Universal Pictures.

EXTRAORDINÁRIO. Direção: Stephen Chbosky. Ano: 2017. Duração: 113 minutos. Distribuição: Amazon Prime Video.

AS VANTAGENS de ser invisível. Direção: Stephen Chbosky. Ano: 2012. Duração: 105 minutos. Distribuição: Summit Entertainment.

PONTE para Terabítia. Direção: Gábor Csupó. Ano: 2007. Duração: 96 minutos. Distribuição: Walt Disney Pictures.

FLOAT. Direção: Bobby Rubio. Ano: 2019. Duração: 7 minutos. Distribuição: Pixar.

EDITORA VOZES LTDA.
Rua Frei Luís, 100 – Centro – Cep 25689-900 – Petrópolis, RJ
Tel.: (24) 2233-9000 – E-mail: vendas@vozes.com.br